大樂文化

交易者思維的
主力之戰

成為股市20%超級贏家

江氏交易系統創辦人 **江海**◎著

Contents

晉升 20% 的贏家，
吸收操盤手 3 大思維　025

與主力資金為伍，
掌握操盤手 3 大方法　063

抓住股價趨勢與位置，
活用實戰工具與技巧　083

推薦序一

正確的投資方法，讓你在股海中自信出航

北京大學中國金融研究中心證券研究所所長　呂隨啟

我與江海老師相識11年，他在股市中的投資經驗已超過20年，拜訪過十幾位前輩，跟隨在投資上的恩師許多年，加上自律、勤奮，在股票投資上取得非凡的造詣。

從2011年一路走來，經歷大盤每次的變盤點，例如：2011年7月20日、2011年10月17日、2014年7月24日、2015年6月12日、2015年8月18日、2016年熔斷、2017年3月29日、2018年1月26日等等，都能提前做出精準預判。

我們在幾年前約定，如果江海老師出版投資類書籍，我一定會寫序。因為我見證股市一次次的漲跌、起落，見證股民在這條道路上走的彎路，甚至有人走向萬劫不復的深淵。

江海老師願意將他的所學、所知、所悟，透過江氏交易天機系列叢書，毫無保留地向讀者公開，讓我非常欣慰。我曾經和他開玩笑問道：「你的交易系統已足夠讓你在這個市場中如魚得水、平步青雲，為何還不辭辛勞地奔波於各地講課，每天工作時間都超過14小時？」

江海老師回答：「我和我的家庭因為這個市場而不用為財富發愁，所以我想幫助更多有需要的人，但是授人以魚不如授人以漁，憑一己之力能幫助多少人？我願意透過講課的方式，將交易知識傳授給有緣人，幫助他們在市場中成長，一方面是傳承交易系統的知識，成就更多人，另一方面是我的信念『法布施得智慧』，生命不息、學習

不止。這是我願意站在講台上的原因，為股票投資傳經布道，啟迪他人、修練自己。」

　　股市還在不斷發展和完善的過程中，上市公司的數量會不斷增多，交易規則會不斷完善，投資的難度越來越大。如果不能有效學習，把自己變得更專業，很可能變成任人宰割的羔羊。

　　本書結合股市特性，從多個角度分析股價的運行，並充分考慮不同投資者的需求，從淺入深，結合案例進行深度解讀。股票投資不是一招一式就能做到穩定獲利，而是全方位研究技術分析，熟悉股價運行的結構和邏輯後才能領悟，更不是按照自己的思維方式預測股價。

　　本書經常提到主力思維的重要性，培養散戶養成這種思維方式，建立自己的交易模型，並嚴格執行，不要妄測市場，而要跟隨趨勢。

　　趨勢是打開股票交易的鑰匙。這把鑰匙在股市中已傳遞近百年，但能夠正確使用它的人屈指可數，因為這需要付出無數的努力和辛酸。所以，能夠正確使用這把鑰匙的人，不會輕易講出它的核心在哪裡，更不願意將其公諸於市。

　　在我讀過的投資類書藉當中，江氏交易天機系列叢書中的《趨勢為王》，將趨勢與波段講解得較為透徹。它將道氏理論、波浪理論、時間週期理論等多種定性的理論進行定量分析，層層揭開股價運行的內部結構，是能讓投資者與市場對話的一本好書。

　　我對《價值爆點》的感觸最大，股市不僅有股價的起起落落，更有人性的明爭暗鬥。西方傳統的價值投資經典在東方股市中難免水土不服，但是若有書藉能在理論支撐的基礎上結合股市特色，更容易形成一套戰無不勝的交易系統。如果說江氏交易系列的其他書籍偏向講解「術」的層面，那麼《價值爆點》則是將整個投資體系的精髓提升到「法」和「道」的層面。

　　《交易者思維的主力之戰》是江海老師的新書，從人性層面看待技術分析，站在大勢的高度看待風險和機會。除了解讀主力的操盤方

法和思維之外，還強調德州撲克對人性修練與養成投資習慣的重要作用。如果說江老師之前的6本書是讓投資者對股市有全方位的認識，那麼本書讓局內人抽身出來，懂得從局外看局內。

　　本書會為想在股市中取得優異成績的您插上雙翼，幫助您快速起航、搏擊股票投資的蒼穹。

推薦序二

5 個觀念作為指針，
繼承經典投資理論的精華

資深投資人　曲君潔

　　有些經驗豐富的投資者，十幾年來都在見證股價的漲跌，但自己的獲利不盡人意。這些人對股市有所認識，卻始終無法形成一個有效的交易系統，一旦遇到高人指點，多年累積下來的手感和經驗，會讓自己對股市有全新的領悟，也會在操作上取得突破的進展。

　　相較於大部分投資者，我是幸運的，一進入股市就遇到幫自己指路、一起前行的團隊。

　　幾年的潛心學習和實戰，讓我對股市有了全面的了解和認知。無論哪一位投資者，在股市中都需要經歷這個過程：學習理論、用於實戰、總結歸納、修正理論、再用於實戰、再總結歸納……。這像是一塊寶玉反覆雕琢的過程，有敲擊的痛苦、成形的喜悅，無論發生什麼事情，遇到多少問題，終點都只有一個——琢玉成器。

　　每個人一生中會遇到無數的貴人，然而他們出現的方式有所不同，有的是以導師的方式為你指引方向，有的是以敵人的方式讓你更加堅強，有的是以親人的方式給你關愛與溫暖，有的是以夥伴的方式與你並肩前行。

　　我們只有心懷感恩，才能接納身邊的每個貴人，才能接納萬物、視萬物為大自然的恩賜。因為接納和包容，世界才會顯得無比美好，苦味才會變得甘之如飴。

　　我很感謝一路走來的恩師和學長，是他們的包容和諒解讓我在股市中日益成熟。雖然我們在前進的道路上難免跌跌撞撞，但是每一個荊棘讓我們更加凝聚，每一次衝破雲霧的喜悅讓我們更加堅定地走下去。

　　在一個和平、幸福的年代，有前人栽樹、後人乘涼的奉獻，有知識超越個人生命的傳承，有適應一代又一代變遷的包容。感恩運道使然，讓我成為江氏交易系統的一員。

　　江氏交易系統是一套證券投資的交易系統，能夠應對牛市與熊市，不僅適合想在股市中獲利的普通投資者，也適合要以證券工作維生的交易員，還適合掌管大資金的操盤手。

　　整套體系以主力思維、趨勢思維、強者思維、風險思維和逐利思維為指導方向，繼承股市眾多經典投資理論的精華，加上江海老師數十年的投資經驗，大到基本面的研判、小到分時盤面的解讀，處處圍繞市場內在的根本結構，和市場政策、資金主導的特殊交易機制，有效識別不同的行情機會，有系統且理性地實現避險逐利的投資目的。

　　在本書出版之際，預祝更多有緣人因為本書而結識，因為江氏交易系統而受益。

作者序

實踐 4 件事，成為富足的股票投資高手

時間飛逝，從我拜訪褚時健後，決定帶著責任感和使命感，將江氏交易系統發揚光大的那天起，已時隔數年。

在這些年裡，江氏交易系統日漸完善，越來越多投資者知道並認可它。我堅信股市如人生，做好人才能買到好股票，因此在本書付梓之際，與大家分享我怎麼理解「如何成為更好的人」。

第 1 件事：信任與決心

信任是我有今天成就的種子，也是我能執著走在這條路上的泉源。我相信股市是有規律可循的，而且一定有人通曉它，所以我不斷尋覓那個可以把我真正帶入股市的貴人，直到我遇見恩師。

在 8 年的時間裡，我堅定不移地跟隨在恩師身邊，用別人想像不到的勤勞和汗水，不斷學習與精進，夜以繼日地走近股市，並探索股市。

對一件事情有興趣不難，難的是持之以恆做同一件事。數年來堅持不懈的能量，來自我對恩師的信任與在這條道路上走下去的決心。我對學員和徒弟的要求也一樣：當你全然相信並接受時，股市的大門才會為你打開。

第 2 件事：寬容待人

感謝恩師寬容我的每個錯誤，這樣的教學品質讓我感受到投資大

師的心胸和格局。寬容不只是對身邊的人，也包括身邊發生的一切好事和壞事。

你要像寬容自己一樣，寬容身邊的每個人，寬容股市給予你的每次虧損，寬容每個誹謗你的人。我因為學會寬容，遇到事情時更加平和，以更成熟的心態面對股市的千變萬化，結識更多來自五湖四海的朋友。

 ## 第 3 件事：由衷感恩

如果你還沒體會到感恩的奧妙與能量，我真心建議起身實踐，因為你會發現生活有著微妙變化。

我因為感恩，生活減少了抱怨、多了美好，在逆境中找到希望。感恩美好的事物很容易，然而精彩的人生屬於那些對挫折也心存感激的人。我們要感恩股市，是它成就成千上萬的投資者；感恩主力資金辛勤地運作，讓我們有獲利機會；感恩每個刻骨銘心的往事，讓我們變得更加堅強與勇敢。

 ## 第 4 件事：愛自己

當信任、寬容及感恩成為你生活的一部分時，你將時時刻刻被正能量包圍，漸漸發現自己變得越來越光彩照人，因為在實踐信任、寬容及感恩的同時，自己才是最大的寵兒。

愛自己不是買最貴的衣服、住最漂亮的房子、開最豪華的車，而是願意讓自己不斷增長內心平和、洞察萬物的能力。愛自己不是自私，而是愛周圍一切的開始。

股市是最好的修行場所，但修習的不是技術，而是躁動不安的

心。如果股票投資還沒給你快樂，請你學習信任、寬容、感恩和愛自己，這才是能夠讓你在精神和物質層面上變得富足的根源。

開券有益，歡迎大家和我一起在股市中成長、前行！

導讀

學習交易邏輯與策略，
解開股市操盤密碼

　　在我回顧和總結二十餘年股市生涯的過程中，我更加感慨股市帶給我的心路歷程和財富累積上的變化。投資股票增強我對事物本質更深的思考和洞察，讓我對人生和世事更加通達。

　　最重要的是，成為操盤手導師讓我結識各個行業的精英，為他們在投資路上指引方向，讓我在授人以漁的過程中，體驗到立足在社會上要有的責任，讓更多投資者從業餘走向專業，從虧損走向獲利。

　　隨著學員越來越多，每次聽到學員分享投資見解和獲利喜悅時，我和團隊越來越堅信我們信仰的東西。我們緊盯市場變化，及時為大家提供投資的最新風向，陪伴大家在投資路上成長。

　　本書著重在分享主力思維，也就是如何站在股市引導者的位置上，看待市場與股價的變化。這需要對基礎知識、人性博弈、實事動態有全方位的把握，才能深入理解。

　　股市中的修練與成長，與人的一輩子一樣。回顧我人生的3個不同階段，首先是大學期間，那時候是懵懂的少年，雖然對充滿變數的未來有著無限的茫然，但「未來是美好的」這個信念讓我努力打拚著。接著是2000年，我剛做生意並開始接觸股票，公務員出身的我在從商後有顆桀驁不馴的心，認為自己對各種遊戲規則瞭若指掌。然後就是現在，我已年近50，雖然留下歲月痕跡，但是感恩半個世紀的閱歷，讓我的人生變得豁達、坦然。

　　我人生的3個階段也是每個人一生中會經歷的階段，同樣也是參

與股票投資必定會經歷的階段：從對股市一知半解的小白，到有過獲利後的大徹大悟，再到讀懂股市的雲淡風輕。

我們對股市的認識程度，會直接決定我們的狀態，曾經有過茫然、焦慮、不可一世，但是對股市大徹大悟時，這一切只是過眼雲煙。這是個漫長的過程，需要上課、看書、做筆記、復盤、交易、總結、再交易、再總結……。

在股海中交易宛如大浪淘沙，能夠走出來的人可說是幾經牛熊、見過大風大浪，十分不易。能夠成為股市的佼佼者，一定離不開高人指引、貴人幫助及親人支持。其實我沒有太多優勢，只是花在股票中的時間更多，付出的更多，所以我有更多心得與大家分享。

很多剛進場的投資者都會心急，因為總是想一夜致富，但在股市的修行必須經歷幾個階段。我將職業操盤手的成長歷程分為8個階段，藉此幫助大家在不同階段，意識到自己面臨的問題和解決方案。不過，不同的人經歷每個階段的順序會有些差異，甚至會跳過某些階段，儘管如此，這些階段對投資的指導邏輯是不變的。以下帶你了解操盤手的8個階段。

第 1 階段：小有收獲

在這個階段，你手上有一點閒錢，認為存在銀行的利息太低，於是踏入股市。此時，對股票的交易規則、股市運行規律、技術指標等，知之甚少或完全不知，我還遇過投資2年，卻連開盤價和收盤價都不知道的投資者。

在這個階段，你只是參與者，買賣僅憑感覺，十分隨意。假如股市氛圍很好，你獲利不少，這時候你會開始對股市充滿好奇和激情，因為覺得這是一個可以發財的地方，因此開始認真學習，虛心向周圍賺錢的人請教，準備在股市上大幹一場。隨著獲利增加，在股市中賺

錢的信心越來越大。

　　從表面來看，這是最幸運的投資者類型，因為一開始就賺錢，但其實為後期埋下重大隱患，因為人在經過數次正確判斷之後，會變得驕傲自大，而股市最喜歡讓桀驁不馴的人低頭。如果你剛開始交易就虧損，反而會更加理性，能謹慎對待市場，降低後期翻大船的風險。

 ## 第 2 階段：尋找模式

　　此時市場一片光明，每天利多不斷，各個股市專家看好股市，利多政策也頻繁出現，但是你的帳戶開始出現虧損。你發現之前的操作模式完全不靈，從出手就有獲利到買一次虧一次。前期的獲利悉數吐出，本金開始回撤。

　　在大盤頂部，基本面的所有消息都是利多，看多人氣到達極限。在大盤底部，基本面的所有消息都是壞的，還有人給你割肉的理由。

　　技術分析具有先天優勢，只要把精力放在盤面上就可以，不用關注公司基本面受到管理者水平、上下游行業景氣程度、國內或國際的政治和經濟情勢所影響，因為價格就是一切。技術分析要處理的訊息量少，而且很多投資高手都是短線出身，因此你確認自己要走的投資模式是技術分析。

 ## 第 3 階段：苦練技術

　　在排除價值分析之後，你意識到只有不斷提高技能，才能立於不敗之地，於是開始努力學習各種知識和操作技巧。

　　由於技術分析的種類太多、太活，你總是覺得學不完。經常在弄懂某個技術指標或形態時，就準備大刀闊斧進行操作。通常，這時候很容易被某些招式吸引，或迷信某個來路不明的技術指標，但是操作

結果仍然屢屢碰壁,於是在不斷的懷疑中輾轉反側。

在這個階段的操作有時短線、有時長線,你試過各種方法,有時賺、有時虧,經常坐過山車,到頭來都在貢獻自己的資金。懂得越來越多,資金越來越少,信心越來越小。失敗的原因在於,沒有綜合分析能力,心態不夠成熟,無法掌握概念類股的熱門輪動效應。此時,萌生「基本面是不是更管用」的想法。

 ## 第 4 階段:迷惘輪迴

在這個階段之前,你學習各種知識,經歷各種行情,也試過各式各樣的方法,但處處碰壁、陷入迷惘的狀態,彷彿置身在重重迷霧中,看不到希望。

這時候,你認為股市總是在跟自己作對,看什麼都不對,怎麼做都是錯的。更氣的是,這時候才發現媒體上的各種學者、專家說得都不準,甚至發現某些高手的實際情況和自己差不多。

到了這個階段,在你眼裡,股市已不再是提款機,反而遍地陷阱。股市是一個沒有標準答案的地方,漲的時候總是有理由,跌的時候總是有藉口,有利多不一定能漲停,有利空也不一定會跌停。

許多人困惑,為何剛開始什麼都不懂還能賺錢,隨後學的東西越多,反而越虧錢?原因很簡單,當我們懂得太多時,顧慮就越多。如果不能調適心態,就無法理性、客觀地處理千變萬化的資訊。

大部分的人都會先後進入這個階段,遺憾的是,超過80%的人一直停留在這個階段走不出去,有些人重新回到第一階段或第二階段,墮入苦海輪迴,遲遲不能解脫,還有些人因為徹底失望,而下定決心永遠退出股市。

圖表 A　投資者的進階過程

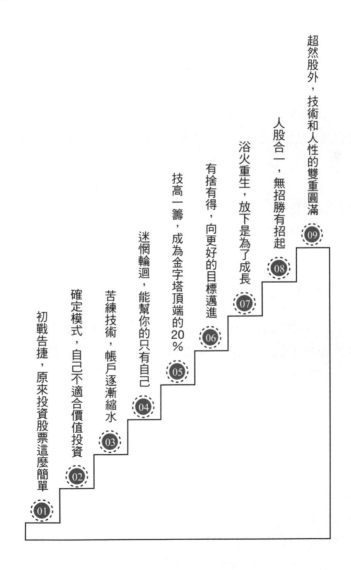

超然股外，技術和人性的雙重圓滿　09

人股合一，無招勝有招起　08

浴火重生，放下是為了成長　07

有捨有得，向更好的目標邁進　06

技高一籌，成為金字塔頂端的 20%　05

迷惘輪迴，能幫你的只有自己　04

苦練技術，帳戶逐漸縮水　03

確定模式，自己不適合價值投資　02

初戰告捷，原來投資股票這麼簡單　01

第 5 階段：技高一籌

股市高手大多都是一步一腳印累積經驗，這些人在實戰累積的基礎上融合各種理論，形成一套獨特、完整、適合自己風格的交易系統或操作體系，並且運用自如。此外，有些人熟練地應用某項技術，賺錢機率較高，預測得較準確。有些人掌握某種絕招，也能做到虧少贏多，進入普通人難以企及的高手行列。

這個階段是一般高手可以達到的最高境界，能夠到達這個階段的人不多，一般常見的高手絕大部分屬於這個級別，這其中當然有層次高低的區別。

這種局面比上個階段更難打破，除非你某天恍然醒悟，重新審視股市，找到自己的不足，並下定決心戰勝自己。

 ## 第 6 階段：學會放棄

《老子》中寫道：「為學日益，為道日損。損之又損，以至於無為，無為而無不為。」人們常說有捨才有得，這正是最簡單的道理。股市的法門也是如此，當你還在焦灼中無法自拔時，是因為還不懂得捨棄，如果懂得捨棄，就能返本歸源。

投資是一門綜合學問，集方法、策略及格局為一體。想走到投資金字塔的頂端，少了哪一個都不能成功，這是許多人明明努力卻無法成功的主因。

學會放棄是一個化繁為簡的過程，投資者大部分的煩惱源自於此。只有少數人能意識到，自己是理念出問題，也就是走錯努力的方向，於是潛心研究技術，不再盲目自大、迷信技術指標，學會看大盤做個股，基本面分析和技術分析並行。

第7階段：浴火重生

找到正確投資理念與最有效的技術只是新的起點，後面的路仍然很長。從下定決心到真正做到，期間要經歷漫長的摸索、總結、更新、嘗試、再總結、再更新……，反覆循環。最終，將總結出的技術融會貫通、熟能生巧，技術與心態才會趨於成熟。

在大勢上升時，個股操作的成功率提高很多，只是存在賺多賺少的問題，你會發現自己已經很長時間不再賠錢。在大勢不好時，你會及時撤出休息，雖然有些無所事事，仍有再次進場的衝動，但了解有必要賣掉持股。對於順勢而為更加得心應手，還能精準掌握買進賣出的時機，但是仍然有些偏差，需要依靠耐心，避免技術上的不足。

在這個階段，頭腦更清晰、自信心更足，根據技術面的結果，結合政策面、基本面、資金面及投資者心理等多方面的分析，雖然不再預測，但對行情越來越有感覺，判斷股市的整體走勢越來越準確。

理念定型之後，找到正確方向與最關鍵技術。這時候，你的身心都已發生巨大轉變，雖然理念與技術已經今非昔比，賺錢越來越容易，但你不再喜歡賣弄，因為清楚知道投資股票只是在正確的時間做正確的事，賺錢是你本來就該得到的獎勵。

 ## 第8階段：人股合一

技術分析的三大假設之一是價格呈現趨勢變動，這是技術分析最根本、核心的因素，而最直觀、有效反映趨勢的指標是均線與趨勢線。

經過國外股市200年左右的累積，趨勢線已成為一種成熟的技術，而均線直到電腦大規模應用和普及後才出現，在此之前，由於計算複雜，均線是不可能做到的事，更不用談論能有完善的均線理論。

唯有電腦普及與均線普遍運用，均線理論的創新才會成為可能。

現在，我們可以堅信，真正的技術突破是在均線的使用方法上。均線理論是最能反映順勢而為理念的理論，均線是最普通、常見的指標，但在你心中不是常人眼裡的模樣，它不需要在參數上糾纏，不需要過多修飾，你就能清楚知道趨勢處在什麼狀態。

即使你不用均線，改用KDJ和MACD，也能達到同樣的效果，但是你的用法與其他人不同，不再關注是否為黃金交叉或死亡交叉，也不再關心紅柱和綠柱的長短，卻更加可靠。而且，用其他指標也能達到同樣的效果。

此時，你對股市運行方向把握得相當準確，遵守規則時不再痛苦，而成為自覺的行動、自然的反映，能夠不以漲喜、不以跌悲，而且順勢而為、知行合一，到達「無招勝有招，摘葉當飛鏢」的境界。

你現在看股市，趨勢越來越清晰，會發現自己有了洞若觀火的感覺，每到關鍵時刻，都可以看見主力的身影，以前認為他們是刻意為之，現在看來他們也許是逼不得已。你看股市眾生，也越來越明白，還能看出高手的缺陷和所處的狀態。

以上是我在股市中總結的8個階段，也是每位投資者走向金字塔高峰的必經過程。

我一再強調，本書出版的目的是要大家站在主力的角度思考問題，所以你閱讀本書時，要思考自己當下處於哪個階段，更重要的是，焦點一定要放在背後的博弈角度，而不是單純希望看到黃金交叉或死亡交叉的交易訊號。希望本書能夠讓你在股票投資上受益匪淺。

NOTE

/   /   /

第 **1** 章

晉升 20% 的贏家，
吸收操盤手 3 大思維

主力思維：洞察價值驅動、資金推動及控盤手法

很多投資者在股市中投資多年無果，不是因為不努力，而是方向錯了。股市遵循二八法則，這是人性決定的，我們能做的是在學習過程中不斷修正。職業操盤手總是不停訓練和學習，所以非專業的散戶想在股市中找到一條路，必須付出更多努力，養成像職業操盤手一樣的思維方式。

股價每天都在上漲與下跌中循環，雖然只有2個方向，但加上時間層面後，會呈現出無數變化。那麼，投資者該如何洞察股價每次漲跌的真實含義？技術確實會發揮一定的助力，但要在思維方式的框架下才會有效。

隨著股市越來越成熟，主力資金的定義也發生巨大變化。雖然某方資金控制股價上漲的情況依然存在，但是不像10年前普遍。不過，這種行為仍然值得研究和學習，因為即使資金操作的模式發生很大變化，人類追逐獲利的天性依舊沒有改變。只是股市聰明資金的參與模式，從之前的單一操作逐漸變成聯合操作，在盤面上留下的跡象不像10年前清晰。

江氏交易系統中強調的主力思維，是一種對人性的洞察，要求我們緊緊跟隨股市中炒作題材的資金，能夠在重要的時間與位置發現重要訊號，進而做出重要決定。這需要投資者站在巨人的肩膀上快速前

進，有了正確方向後，努力才會更有價值。以下介紹專業操盤手的3個思維。

第 1 個思維：價值驅動

貴州茅台（600519）成為中國2017年最具爭議的股票之一，不是因為它的上漲幅度，而是因為創下股市中的最高價格（見圖表1-1）。貴州茅台的大股東是中國貴州茅台酒廠（集團）有限公司，持股比例61.99％（見下頁圖表1-2），再去除前十大股票的持股率，股市上真正流通的百分比在30％左右。

按照2017年的平均市值7000億來計算，真正的流通市值有2100

圖表 1-1　貴州茅台 2016/11 至 2018/1 的週 K 線走勢圖

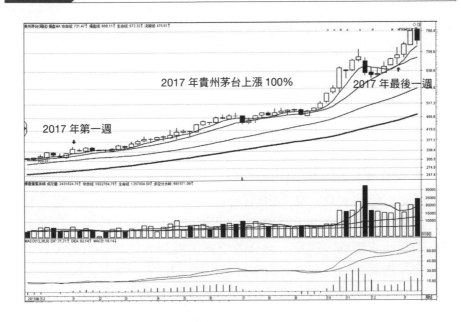

圖表 1-2	貴州茅台 2018/4/4 十大股東持股訊息

名次	股東名稱	股東性質	股份類型	持股數（股）	占總流通股本持股比例
1	中國貴州茅台酒廠（集團）有限責任公司	其他	A股	778771955	61.99%
2	香港中央結算有限公司	其他	A股	73707157	5.87%
3	貴州茅台酒廠集團技術開發公司	其他	A股	27812088	2.21%
4	中國證券金融股份有限公司	其他	A股	16208190	1.29%
5	易方達資產管理（香港）有限公司至客戶資金（交易所）	QFII	A股	12262840	0.98%
6	中央匯金資金管理有限責任公司	其他	A股	10787300	0.86%
7	奧本海默基金公司—中國基金	QFII	A股	4613500	0.37%
8	中國工商銀行至上證 50 交易型開放式指數證券投資基金	證券投資基金	A股	3876237	0.31%
9	貴州省金融控股有限責任公司	其他	A股	3487220	0.28%
10	泰康人壽保險有限責任公司—分紅—個人分紅—019L—FH002 滬	保險產品	A股	3367393	0.27%
合計		–	–	934893880	74.43%

億。此時非常值得思考，某個單一機構需要多少資金，才能推動貴州茅台上漲？

　　如果用傳統的主力思維來看貴州茅台是無法解釋的，因為參與的機構很多，但沒有任何一個機構的資金能夠控制它的股價，尤其在2017年瘋狂操作白馬股（意指績優股）的情況下，各路資金瘋狂湧入，沒有人能夠獨善其身，用自己計畫的時間和價格完成操盤。

　　尤其在後半年，進入普遍看多全部惜售的狀態，沒辦法找到主力資金明顯建立部位、拉升、出貨的位置，看到的往往是出貨後股價還會持續創新高，因為這是價值驅動型上漲，而非主力資金操作。

　　2017年的白馬行情一改中國股市不適合價值投資的歷史，但隨著

2018年1月份房地產行情引領上證50最後瘋狂上漲後，經歷過大幅上漲的白馬股開始出現斷崖式下跌，貴州茅台終結在萬億市值大關。在見頂之前，已出現一些機構投資人開始減少部位的訊號，貴州茅台上方早就沒有套牢盤，但最終導致它終結上漲的原因，是公司市值發展角度的重要關口。

我們分析貴州茅台的主力思維時，是站在管理層、股東的角度綜合評估公司的發展，萬億市值代表公司的標誌性里程碑事件，但公司的經營能力、品牌評估能力等是否支撐其萬億市值，眾多參與者一定持有不同意見。加上前期持續性上漲，大幅獲利盤讓很多機構投資人開始落袋為贏，畢竟他們會比我們更加理性，在不該貪婪時懂得適可而止。

見下頁圖表1-3，通化東寶（600867）是一檔價值驅動型的強勢大牛股。從月K線的走勢中不難發現，這是一檔連續上漲10年的股票。在初期，股價上漲的角度十分平緩，最近5年則呈現明顯加速上漲的走勢，即使在2015年和2016年的股災中出現回檔，幅度也非常有限。

對職業操盤手來說，一定要關注股價上漲的持續性，只有基本面健康、發展能力好，才能創造出更長時間的上升趨勢。

第31頁圖表1-4是通化東寶從2009年到2017年的每年淨利潤情況，獲利能力處於穩健上升，2017年的全年淨利潤為8.35億，比6年前的2000多萬上漲近40倍，公司的成長能力毋庸置疑。近幾年，雖然通化東寶的規模依然明顯變大，但由於上一年的基礎也持續變大，因此獲利上漲的速度也開始變慢。

2011年的利潤較2010年下跌，但從此之後就進入獲利的穩健增長期。2012年較2011年增長100％，2013年較2012年增長300％以上，2014年較2013年增長60％左右，2015年較2014年增長60％以上，2016年較2015年增長30％以上，2017年較2016年增長30％。

圖表 1-3	通化東寶 2008/4 至 2018/5 的月 K 線走勢圖

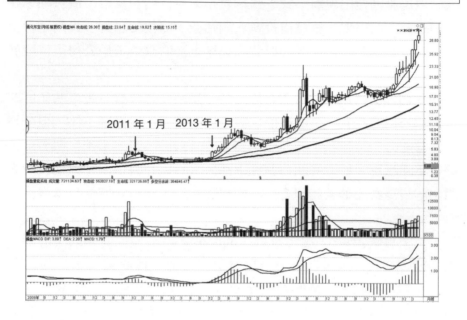

從通化東寶的月線走勢圖上可以看出，股價進入快速增長期的時間點為2013年1月，也就是2012年的年報開始準備發布的時候，業績的高成長帶領股價進入長期牛市中。

從財務報表來看，最近3年利潤的增長情況基本在30％左右，這也是醫藥行業進入穩健發展的標誌，但股價在最近3年加速上漲階段，尤其是2017年下半年和2018年上半年，月線上的走勢已超過45度，也就是說，股價上漲與利潤增長出現明顯的不對稱跡象，而從更長遠的角度看，股價的運行必然會服從上市公司基本面的變化。

如果通化東寶穩定在30％左右的年增長期，股價在不久的將來會改變現在的加速運行軌道，進入緩慢上漲階段，直到基本面再次發生質的變化。

| 圖表 1-4 | 通化東寶 2009 年至 2017 年的年度扣非淨利潤 |

成長能力指標	17-12-31	16-12-31	15-12-31	14-12-31	13-12-31	12-12-31	11-12-31	10-12-31	09-12-31
營業總收入（元）	25.5 億	20.4 億	16.7 億	14.5 億	12.0 億	9.92 億	7.84 億	6.38 億	5.74 億
毛利潤（元）	18.8 億	15.3 億	12.5 億	9.88 億	8.10 億	6.27 億	4.84 億	3.87 億	3.26 億
歸屬淨利潤（元）	8.37 億	6.41 億	4.93 億	2.80 億	1.84 億	6271 萬	3.64 億	1.78 億	7790 萬
扣非淨利潤（元）	8.35 億	6.23 億	4.62 億	2.83 億	1.83 億	4674 萬	2311 萬	5378 萬	5175 萬
營業總收入同期比增長（%）	24.75	22.23	15.02	20.52	21.45	26.39	23.00	11.14	4.14
歸屬淨利潤同期比增長（%）	30.52	30.02	76.19	52.13	193.28	-82.77	104.07	128.95	57.43
扣非淨利潤同期比增長（%）	34.00	34.93	62.89	55.26	290.58	102.30	-57.04	-3.86	27.38
營業總收入滾動環比增長（%）	5.43	6.86	0.49	6.05	5.58	5.11	6.72	2.97	-1.70
歸屬淨利潤滾動環比增長（%）	6.02	6.05	9.66	30.17	54.72	-28.18	-21.23	40.01	14.63
扣非淨利潤滾動環比增長（%）	8.53	3.74	8.64	34.07	66.06	-36.93	-69.66	70.10	-5.67

第 2 個思維：資金推動

　　近幾年，次新股已成為專職投資人的寵兒，對專職投資人來說，無論資產規模如何，在投資組合中沒有次新股，總覺得少了什麼，因為次新股是龍頭股和妖股的聚集地，連續漲停板是常態，如果捉到一檔次新的龍頭股，全年的獲利目標就實現了。

　　次新股的流通盤較小，又具有極高的人氣，是股市活躍資金的首選，次新股的暴漲模式與貴州茅台具有截然不同的主力思維。對貴州茅台來說，只有在機構投資人同時具有「眾人拾柴火焰高」的邏輯時，才能夠推動股價上漲，所以其中少不了機構之間的強力聯手。

　　2017年的次新股行情為很多投資者帶來機會，以中科資訊和華大基因為代表的次新股，將次新股的操作帶往一個新高峰。

（1）次新股之一：中科訊息

中科院成都資訊技術股份有限公司（以下簡稱中科資訊），前身是創立於1958年的中國科學院成都電腦應用研究所，是中科院直接控股的一家高科技上市公司。

公司的主要事業內容是以高速機器視覺、智慧分析技術為核心，為政府、煙草、油氣、特種印刷等行業，提供資訊化整體解決方案、智慧化工程，以及相關產品與技術服務。

見圖表1-5，中科資訊（300678）上市後出現9個一字漲停板，漲幅為157%，與一般上市的次新股相比，漲幅不算太大。這種基本面良好、上市後打開漲停板較早的標的，已成為股市活躍資金重點關注的優質標的。

圖表 1-5 中科訊息 2017/7/28 至 2017/10/26 的日 K 線走勢圖

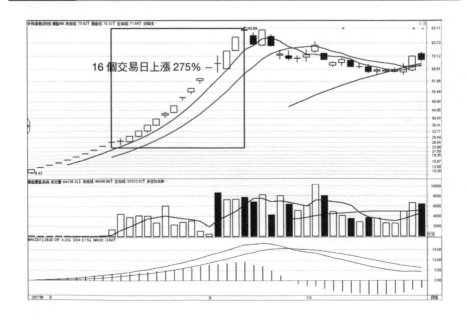

16 個交易日上漲 275%

　　所以，在2017年8月1日早盤開始有籌碼出逃時，明顯有強勢資金進場。從圖中標示可見，在日K線圖上走出T字板，但在分時圖上沒有打開漲停板的跡象。也就是說，當天漲停板被快速打開，但換手不強勢，進場的資金沒有獲利，後期一定會有持續上漲的行情。

　　江氏交易系統一再強調，強勢股一定要有天時、地利、人和的配合。因此，這是一檔非常稀有的標的，會成為股市聰明資金的首要考慮對象。

　　在分析中科資訊的同時，我們一定要關注它對應的類股指數創業板（399006）走勢。圖表1-6標示出中科資訊打開漲停板當天（2017年8月1日）對應的K線，其中最值得關注的是前3天的大陽線。

　　無論是大盤指數還是個股，大陽線和大陰線的出現都具有非凡的

圖表 1-6 ▶ 創業板指數 2017/6/14 至 2017/11/29 的日 K 線走勢圖

2017 年 8 月 1 日

意義，很容易形成重要轉折點。創業板經歷2年的持續下跌後，人氣極度低迷，最多出現30分鐘級別的反彈行情，所以此時的大陽線可說是久旱逢甘雨，為創業板再次的反彈行情帶來希望。

從技術形態來看，大陽線實體的二分之一和操盤線都形成有效支撐，階段性反彈行情值得期待，這為操作中科資訊提供良好的大盤環境。

創業板最大的特徵是以科技股為主，尤其是軟體服務，這代表科學技術的先驅力量，是值得關注的熱門概念，雖然很難對其長期估值做出評價，但在以科技和創新為背景的時代，科技股很容易成為關注焦點。

在軟體服務類股指數（880493）的走勢圖中（見圖表1-7），標示出中科資訊開板當天對應的K線。其實不難發現，軟體服務類股指數的整體走勢與創業板指數的走勢如出一轍，焦點同樣鎖定在前3個交易日對應的大陽線上。

在類股指數持續橫盤中，大陽線的二分之一發揮強勢支撐作用，雖然操盤線曾被跌破，但從K線實體的角度，可以看出是一根十字星的弱勢K線，不具備反轉能力。後文會詳細介紹該位置出現的連續3根陰十字星，雖然連續的3根陰線看起來具有恐嚇作用，但出現在不同的支撐或壓力位置時，其意義天差地別。

分析創業板指數、軟體服務行業類股指數，不難發現中科資訊打開漲停板的時間較早，但當時股市環境樂觀，做多人氣足，容易引來股市中的聰明資金。所以，在打開漲停板後的16個交易日內上漲275％，其中有強勢資金的搶籌、快速拉升及強勢出貨。

這又是一種主力思維，很明顯與貴州茅台的上漲模式不同，只需要在短期內有效控制、把握股市人氣，就會引導股價走出強勢上漲的趨勢。

圖表 1-7	軟體服務 2017/6/15 至 2017/11/2 的日 K 線走勢圖

2017 年 8 月 1 日

（2）次新股之二：華大基因

雖然和中科資訊相比，華大基因（30676）開板後57個交易日內上漲155％的幅度稍顯遜色（見下頁圖表1-8），但不妨礙它成為次新股的經典案例。

華大基因上市後，經過連續18個一字漲停板，上漲幅度為5倍，有非常明顯的透支跡象，而操作次新股的基本邏輯是一字漲停板不能太多，否則會造成多頭動能的透支。

華大基因打開漲停板時的市值在40億左右，而中科資訊僅有6億，對操作的資金要求截然不同。很多次新股在一字漲停板被打開後會快速下跌，但華大基因有明顯抗拒下跌的跡象，股價沿著操盤線緩慢上移。

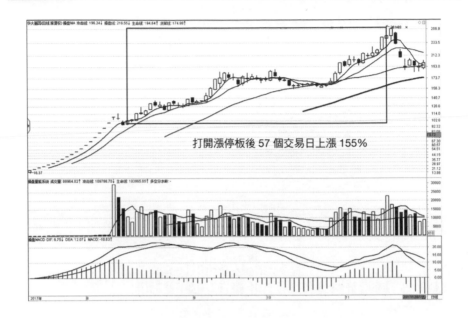

圖表 1-8　華大基因 2017/7/14 至 2017/12/1 的日 K 線走勢圖

打開漲停板後 57 個交易日上漲 155%

　　由於華大基因有著「生物醫藥中的騰訊」美稱，可見基本面優勢非常明顯，打開漲停板的時間為2017年8月9日，也是在創業板反彈行情中，同樣值得期待的後期行情，但我們必須理性看待一個問題：推動華大基因所需的資金量比中科資訊大。

　　華大基因後期的上漲模式，是透過一段時間的強勢橫盤，逐漸降低每天的換手，使浮動籌碼逐漸減少，降低後期再次拉高出現的賣盤風險。因此，華大基因後期的2次拉升行情中的成交量沒有打開漲停板時大，這和我們理解的量增價升才健康是相悖的。請牢記，股市一直在變化，只有用辯證的眼光看待它，才能做到寵辱不驚。

　　資金推動的上漲無處不在，只是次新股的上漲被資金推動得更加明顯，也就是被強勢資金操縱的跡象會更顯著。

圖表 1-9　永和智控 2017/11/9 至 2018/5/21 的日 K 線走勢圖

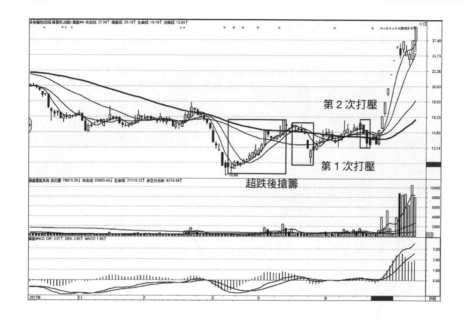

　　如果你操作的資金較大，或次新股不在風口上時，就需要把注意力放在其他股票上。資金推動型的非次新股有著很大的特點——前期充分下跌後有建立部位的痕跡，但沒有實現控盤。

　　雖然我一再強調要做上升趨勢中的股票，但這是指導交易的核心思想，在具體操作時要根據股市變化而改變。舉例來說，當股市70％股票處於超跌狀態時，若要交易必然是緊盯聰明資金如何布局，此時不要等到股價走出上升趨勢後才關注，而是觀察前期下跌的原因，因為此時最容易出現強勢資金刻意打壓搶籌碼的動作。

　　見圖表1-9，永和智控（002795）在超跌前曾有連續5連陽的走勢，其中有2根開低走高的假陽線，伴隨著溫和放量，但受阻於60均線後股價快速下跌。這裡首先構成必須回避的下跌形態，但該打壓行

為是異常訊號。強勢資金在真正建立部位之前，往往會選擇小幅洗盤後快速打壓，以降低建立成本，而且屢試不爽。

股價超跌後再次上漲，穩健上漲的小陽線給股市帶來新的人氣，無奈股價再次受阻於60均線，此後圍繞60均線展開的寬幅震盪，每次都以慢漲快跌的方式打壓和洗盤，但股價在一次次製造出彷彿要下跌的假象中，已修復完成技術形態。

出現這些明顯的強勢股訊號後，還不是進場的時間節點，因為在沒有完成強勢資金想達到充分洗盤的效果之前，股價不會強勢上漲。我們要等待的進場訊號，是強勢資金認為股價應該上漲，而且最好以漲停板的方式啟動主升段的時候。

 ## 第3個思維：什麼是控盤？

我們經常說主力控盤後強勢上漲的機率大，現在需要思考主力控盤與股價上漲有何關係？有時候，我們為了便於分析行情級別，會用控盤主力和非控盤主力操作，作為識別股價爆發強度的標準，但是這種說法有一定程度的不準確性。

從時間的角度來說，控盤主力和非控盤主力是沒有問題的，因為控盤主要是針對流通盤。如果想要控制股價的時間越長，特定投資者手上的籌碼必須越多，因為從趨勢角度來看，日常運動非常容易控制，次級運動在籌碼較多時也可以控制，但是基本運動無法操縱，它必須滿足事物發展的基本規律，就像消費類股票在牛市中表現一般，但在熊市中是投資組合的必備，會有遠強於大盤的表象。

而且，這在世界各國的股市中都已驗證，所以在2016、2017年，大比例持有消費類股票的人不是股神，而是因為知曉投資規律，並且身體力行。

對於中長期行情，一定是在主力資金高度控盤的情況下才有大行

情，但主力資金不單是某個參與主體，目前隨著高市值的公司越來越多，多個機構參與操作一檔股票的情況也會越來越常見。

我們要討論短線資金參與的強勢上漲行情和控盤的關係。雖然短線強勢資金參與時，所占流通盤的比例不是非常大，但是操作者能夠借用股市人氣，在短時間內完全控制股價的漲跌，也是一種控盤表現，只是參照的標準不同。

（1）中長期控盤：用友網路

見圖表1-10，用友網路（600588）在2018年初的創業板反彈行情中，表現得非常強勢，是那波行情的龍頭。其實從它的歷史走勢中不難發現，在2017年9月的上漲中有持續性資金進場的跡象，完成一個

圖表 1-10　用友網路 2017/6/2 至 2018/3/22 的日 K 線走勢圖

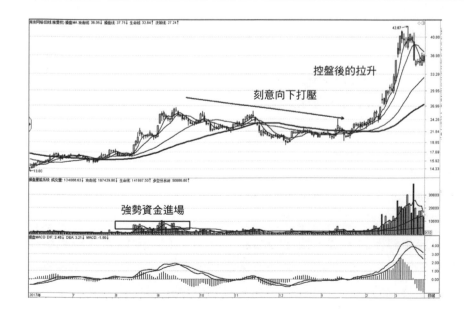

標準的5浪上漲後進入縮量調整狀態。

其實分析主力思維很簡單，錢進去了就希望在獲利後出場，而出場最典型的訊號就是有成交量放大的跡象。從用友網路的走勢中，可以看出在它長達6個月震盪下跌過程中，不僅有明顯的節奏感，還完全沒有放量下跌的跡象，所以該震盪盤跌只是一個大級別的調整中繼形態。

2018年2月9日，以軟體服務為主導力量的創業板，在新的低點被確認後展開強勢反彈行情，而在創業板不斷創新低的過程中，用友網路有明顯的止跌跡象，也就是強於大盤的股票。

股市中有兩類股票非常值得關注，第一類是在熊市中比大盤早止跌的，另一類是在牛市中比大盤早調整的。因為這兩類標的都是逆勢操作，其背後的資金一定很強勢，才能走出特立獨行的走勢。不過，你在操作時有幾次能夠做到逆向思維，理性對待股價的漲跌？

（2）借助人氣短期控盤：誠脈科技

短期強勢上漲的個股，通常都是在經過充分的超跌之後出現，因為此時股價所處位置存在天然優勢——長期下跌導致股市人氣極度低迷。因為對於更喜歡追漲殺跌的散戶來說，沒有大陽線或一個持續性上漲波段不夠誘人。在江氏交易系統中一直強調，不買下跌趨勢中的股票，因為前期下跌趨勢的能量還沒被釋放。

誠邁科技（300598）的前期持續性下跌，沒有按照標準的波浪形態走。我不斷提醒，波浪理論不適用所有股票，而且在你沒有深度認識波浪理論之前，不適合用它指引交易。

不過，股價超跌後很容易吸引強勢資金關注，有的主力以連續大陽線或漲停板的方式，快速吸籌建立部位，有的則以連續小陽線緩慢吸籌。大家要了解，出現強勢資金進場的訊號時，不一定代表操作訊號，因為我們是股市追隨者，要交易的是確定的訊號，而不是賭每一

| 圖表 1-11 | 誠邁科技 2017/8/24 至 2018/4/4 的日 K 線走勢圖 |

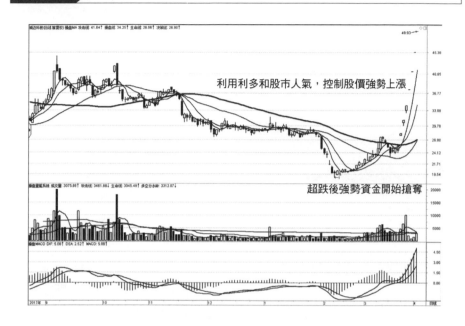

次可能會漲的訊號。

　　見圖表1-11，從誠邁科技的走勢中可以看出，超跌後資金吸籌的反彈行情，遇到前期的平台壓力後進行回檔，出現連續的4連陰線。這時候，有研究K線形態的投資者就會知道距離機會不遠了。俗話說：「識時務者為俊傑。」強勢股善於借助東風，所以它的啟動一定會伴隨行業的站穩或走強。

　　沒有計畫就不是真正的開始，沒有總結就不是真正的結束。我們的投資計畫可能是短線或長線，主力也一樣，可能是遊擊戰或持久戰，其採用的方式截然不同。不過，請大家牢記，無論股價的運行是以何種方式展開，一定是圍繞人性逐步展開。

圖表 1-12　控盤主力操盤的所有流程

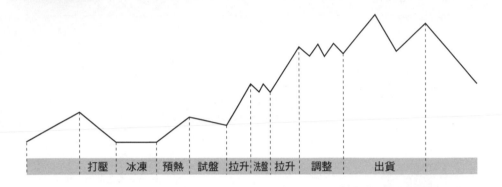

| 打壓 | 冰凍 | 預熱 | 試盤 | 拉升 | 洗盤 | 拉升 | 調整 | 出貨 |

　　圖表1-12是我分析主力思維的框架圖。這是中長線主力在手上籌碼對流通盤具有影響力的情況下，操作過程中需要經過的8個步驟。

　　不同股票在不同背景與環境下採取的方法會有差異，但其整體思維不會改變：在投資者猶豫時建立部位，在熱情中拉出主升段，在瘋狂中出貨。

1-2

順勢而為：如何做到線上就買進，線下就出場？

在投資過程中，趨勢是永遠不變的話題，但仁者見仁、智者見智，每個人對它有不同的看法。這種看法的差異由很多要素決定，甚至包括每個人從小生長的環境，因為這導致人們對事物的看法有所不同，以及從不同方位詮釋的能力。

有的人覺得趨勢就是一根線，是決定我們每筆交易的核心。股市中有句話是「線上就滿倉（意指用所有資金買進股票），線下就逃跑」，能理解這句話的投資者少之又少，而真正用它指導交易的人更是屈指可數。

「線上就滿倉，線下就逃跑」的重點在於，其中的線到底是哪根線？我們知道有趨勢線、均線、通道線等等，甚至每個指標都能演繹出好幾根線。

投資的困難之處在於，它的量多和複雜讓人們在選擇時無從下手，但要成為卓越的投資者，一定是充分了解各種分析工具後，才能找到最適合自己的操作。

特種兵的訓練也是如此，在最終的團隊作戰時，每個士兵都有自己明確的位置，但在一開始訓練時，要充分學習並了解各種武器，以及團隊的所有角色，才能找到自己最擅長的部份。一專多能不僅適用於軍隊管理，也適用於國家教育，更適用於培養職業操盤手。

以下詳細介紹順勢而為的4種情況。

 1. 抓住大趨勢就能賺到大錢

談趨勢必然談到級別，不同級別的趨勢會帶來截然不同的獲利。但是，怎樣的股票會走出大趨勢？股市好幾年的閱歷成就一批人，卻也讓更大一批人痛不欲生。

股市正逐漸成熟，而且未來會更加成熟，因此一些經典投資理論的適用程度也會越來越大。這對於熱愛學習的股民來說絕對是一件好事，因為它可以讓我們不至於毫無根據地盲目猜測。

我認為投資要有信仰，但我指的信仰不是要你去信教派，而是要有自己認同的事，並且堅定不移，例如：投資營業收入5年內能上漲20倍的公司，或是股價至少會上漲10倍的企業。這是很簡單的邏輯，但是你能否踏實地付諸行動？

恒瑞醫藥（600276）是價值投資的代表，從趨勢級別角度分析，這是一檔月線級別的大股票。行情級別的判斷確實會有一定的滯後性，但對於更大級別的趨勢來說，趨勢的延續性和持續時間越久，後期可操作的機會就越大，所以一旦確認是週線或月線級別的大行情後，除非上市公司出現實質性轉變，否則應該繼續持股。

見圖表1-13，恒瑞醫藥在2004年到2018年的時間裡，股價從0.21元漲到89.23元。這是在還原權值的情況下計算得來，上漲幅度有423倍。很多時候，股市是漲了一波後開始回檔，我們認為以年為單位的持續上漲是遙不可及的事，但股市上真的不乏這種標的。如果你曾經買過，有堅定持有嗎？

和大家分享一個經典故事：

有一天，3個人同時從1樓搭電梯到10樓，一個人在電梯裡伏地挺

圖表 1-13	恒瑞醫藥 2004/3 至 2018/4 的月 K 線走勢圖

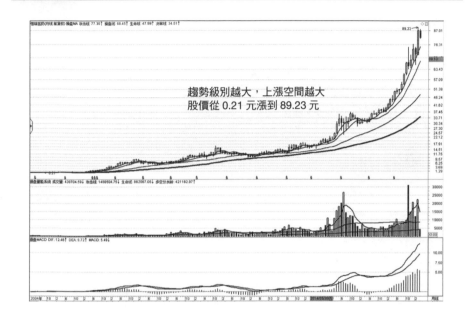

趨勢級別越大，上漲空間越大
股價從 0.21 元漲到 89.23 元

身，一個人在電梯裡深蹲，另一個人在電梯裡什麼都沒做，最後3個人都到達10樓。如果你問他們怎麼到達10樓？你聽到的回答肯定不一樣，但必定有個共同點：都是搭電梯上來。電梯就是所謂的勢，當大勢來臨時，連豬都能飛上天。

買股票首先要考慮的勢就是大盤趨勢，即使你不在牛市中。也就是說，假如你想到10樓，但在一個故障的電梯裡，無論你在裡面做什麼，都到不了10樓。

在下頁圖表1-14的上證指數（999999）走勢中，總共標示出5次大機會，從結果來看，前3次算是大機會，後面2次不能算是大機會。所以，在股市裡有3次賺大錢的機會，有2次相對容易賺錢的機會，其

圖表 1-14　　上證指數 1990/12 至 2018/5 的月 K 線走勢圖

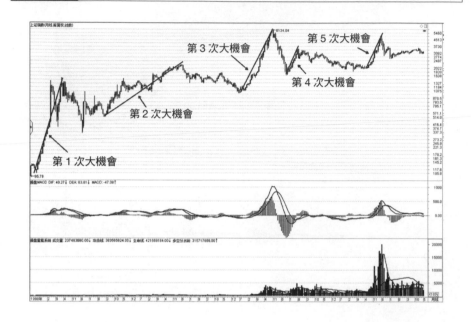

他大部分時間則處於震盪下跌的狀態。

　　得到這個結論後，你可能會感覺好一點，因為終於明白為何在股市中賺錢這麼困難。上證指數從2007年6124的高點到現在，一直處於寬幅震盪狀態，雖然曾有2次強勢反彈，但快速見頂，導致前期的獲利大幅回吐。上證指數只能反映股市的部分走勢，投資者還需要大量分析創業板指數、中小企業板指數，甚至還有上證50、滬深300等眾多指數，才能有效掌握股市的節奏。

 ## 2. 放小趨勢棄小錢

　　談完大趨勢之後，我想你很容易理解小趨勢。凡事都是相對的，

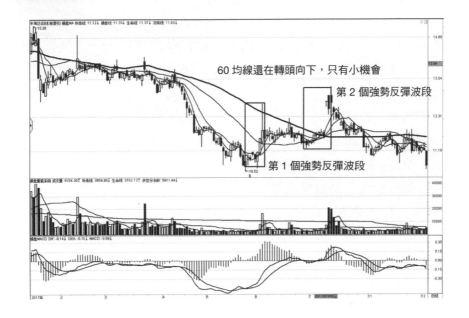

圖表 1-15　中海達 2017/1/11 至 2018/12/5 的日 K 線走勢圖

有大趨勢產生，自然會有小趨勢，但是很多人都把焦點放在小趨勢，而忽略大趨勢。

　　股市中，有的模式是投資，有的模式是投機。再厲害的股票，即使在中長期上漲中，還是會有大幅震盪，你可以在它出現價差的震盪中買低賣高，讓獲利最大化。此時要強調的是，你在技術水準不足以買低賣高之前，不要陷入這個迷魂陣裡，因為現實通常會讓你的交易成本變得越來越高。

　　見圖表1-15，中海達（300177）的走勢和恒瑞醫藥截然不同，一個是月線上的大級別上升趨勢，但圖中走的是日線上的持續下降走勢，最明顯的是60均線還在轉頭向下，沒有形成強勁走勢。

　　在60均線對股價還有壓制時，只會走出小級別的趨勢，最多是一

個30分鐘級別的趨勢,而在一般情況下,該趨勢由2個或2個以上的15分鐘上升趨勢構成。

在中海達的2個上升行情中,第一個是由幾根強勢陽線構成,其中最後一根K線以長上影線的方式,滯漲在60均線附近,之後展開橫盤。雖然股價衝高後快速回落,但已經站上30均線,再次回檔後止跌在30均線附近。

第二個上漲波段是以一個一字漲停板的方式結束,大家要牢記,當大盤環境不是非常樂觀時,一旦60均線還未反轉啟動,漲停板的持續性是不夠強的,尤其前方的長期橫盤區間形成大量套牢盤,這麼短時間的底部橫盤不足以完成籌碼的充分轉換,一旦股價跌破15分鐘或5分鐘的上升趨勢線,就是短期要賣出的時機。

最穩健的操作方式不是抄底,而是一個試探性築底波段出現後,再運行一個有效回測波段,我們參與第二個上漲波段,因為第一個上漲波段通常是小級別的反轉行情。所以,第一個上漲趨勢是我們要放棄的小趨勢行情。

見圖表1-16,金龍汽車(600686)的第一個上升波段從10.37元上漲到14.36元,波段的漲幅接近40%,但是這個上漲波段給予投資者的確定獲利空間只有20%,而且要建立在操作水準較好的前提下。

你參與的每一次交易一定要最大程度規避風險,盡量提高股價上漲的確定性,因此在沒有充分資訊確保股價有20%上漲空間之前,絕不能輕易建立部位。

從金龍汽車的走勢可以看出,每次的弱勢回測遇到60均線的有效支撐後,就是下個波段的起點,此時行情級別提升,所以會出現確定性更高的交易點位,而之前的上漲波段是我們要學會放棄的。

| 圖表 1-16 | 金龍汽車 2017/10/26 至 2018/5/21 的日 K 線走勢圖 |

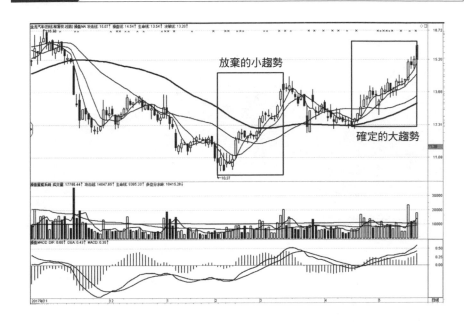

3. 看錯趨勢倒虧線

　　有的人說投資股票很簡單，就是漲和跌兩個方向，買對應該不難，但事實就是虧錢次數遠多於賺錢次數，也就是說，單從賺錢還是虧錢的角度來看，很多人的操作結果，還不如自己扔硬幣進行買賣的賺錢次數多。

　　股市的變化時時刻刻牽引股民的心，因為心裡惦記著帳戶，很難在股價的千變萬化中獨善其身。這時候，在「亂花漸欲迷人眼」的走勢中，保持鎮定才是能夠獲利的關鍵。所以，很多時候我們不是看錯趨勢，而是還沒認真看就枉然做出結論，於是結果自然很難像預期一樣理想。

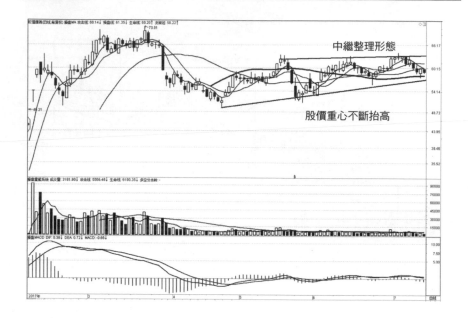

圖表 1-17 歐普康視 2017/2/7 至 2017/7/13 的日 K 線走勢圖

如圖表1-17所示，歐普康視（300595）走勢圖中標注的形態非常值得研究，它是技術分析中特別強調的收斂三角形，而且根據重心原理不難發現，股價的低點一直在抬高，這是趨勢理論中最值得關注的訊號，也就是股價有持續性上漲的需求。

但是，根據波浪理論調整浪的ABC結構要求，歐普康視從最高點的70.91元下跌開始，只完成A浪的下跌，當下的收斂形態只是反彈B浪的一種走勢，還差一個下跌的C浪，也就是股價只有對該收斂形態的下軌走出一次有效突破後，結構才是完整的。

在不夠深入理解結構的情況下，很難判斷股價後期會再次下跌，如果只關注到股價回測60均線後的支撐而貿然買進，就只是關注當下的一個點而忽略整體局面。建議投資者觀察後續的走勢，畢竟書籍只

圖表 1-18	牧原股份 2017/5/16 至 2018/3/19 的日 K 線走勢圖

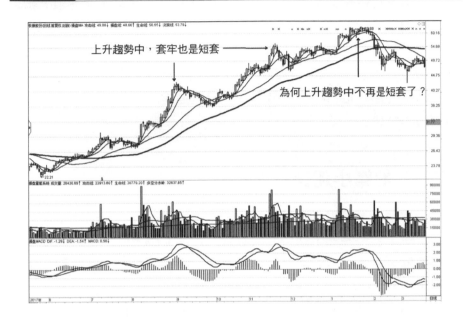

能帶來思維轉變，最終的實質轉變需要不斷努力和學習，才能夠實現。

　　交易是一件依靠機率獲利的事，沒有人可以長期確定獲利，但假如你參與交易從來不學習和總結，便可能進入長期確定虧損的狀態。所以，看錯趨勢是人之常情，我們不能苛求自己不犯錯，但要嚴格要求犯錯後及時終止錯誤。

　　如圖1-18所示，在牧原股份（002714）的上升趨勢中標注3個高點，無論你在任何一個高點買進，都會面臨調整，也就是帳戶的浮動虧損。如果在第一個和第二個高點出現後，你堅定看好上升趨勢，沒有採取停損措施，那麼在時間允許的情況下，都會有解套進而獲利的機會。

因此，你一定會接收到股市發出的訊號：在上升趨勢中追高不用害怕，因為它會給你解套。但堅定地在第三個高點時繼續進場，結果卻天差地別。

這就是股市，它從來不會長時間重複一個規律，而是在你認清這個規律時，才遭到破壞，所以看錯趨勢是正常的。但是，我們在每一次交易時，都要給自己買一個保險，設置適當的停損位，避免出現大幅虧損的結局。

4. 看錯小趨勢虧大錢

對散戶來說，最大的煩惱是股市永遠不會按照自己的想法運行。明明看漲，它卻偏偏下跌；明明看跌，它卻偏偏上漲。這個問題的根源很簡單，就是沒有看懂股市，雖然賣出後的上漲令你充滿遺憾，但買進後的下跌造成的虧損是自己的血汗錢。

許多股民經常抱怨股市動盪導致自己虧錢，而且只看到美國8年的大牛市，卻對於俄羅斯大盤指數一天下跌12％充耳不聞。如果你在股市中拚搏數年，還把虧錢都怪罪於市場，那麼你的虧錢只是必然會發生的事，因為只有懂得在自己身上查找問題，才能從根本上解決問題。

本書帶給大家操盤者的思維，你只有先改變思維，再活用所學的方法，才能發揮作用，否則只會適得其反。不過，思維與K線、指標、成交量等資料的變化相比，實在太虛無，所以很多投資者不願意花時間和精力，去了解和養成思維，只想尋找賺快錢的招數。如此一來，當你發現問題時，結果自然不會如你所願。

首先探討「看錯小趨勢」中的看錯，這個核心問題出在技術不到位，基礎不穩固，就像你在操作幾千萬甚至幾億資金時，告訴別人你的決策依據是直覺，別人一定會嚇出一身冷汗。投資是一個理性決策

的過程，養成理性的習慣一定是經過專業訓練後，對市場有深度理解才做得到。

相信大家對「虧大錢」非常有感觸，因為大部分的人都有過切身之痛。股市中沒有神仙，誰都不會是常勝軍，但只要大賺小虧，整體下來一定是賺的。

道理雖然簡單，但是很多人難以明白，因為人性傾向以現在的情況判斷當下的得失，很少能夠擺脫當下的困擾，把眼光放遠。所以，一旦帳戶出現虧損，投資者便希望股價快點漲起來，但現實是趨勢發生反轉，明明可以在小虧損時果斷出場，最終卻在人性驅使下越虧越多。

形態是投資者分析股價走勢必須考慮的要素，形態本身反映人與人之間的對抗和人性對股市的反應，只有在形態上走出上升趨勢、下降趨勢、調整期間該有的形態，原來的趨勢均衡才會被打破，也就是說，在原形態沒有完整、到位之前，不會形成新的形態。

處在牛熊分水嶺時的形態是較為極端的，基本上是在至少一次暴漲和暴跌之後，展開漫長的築底形態。見下頁圖表1-19，北方導航（600435）在熊市的第一個殺跌波段，從32.6元跌到12元，下跌幅度有62.5％。

股價通常都是在暴漲與暴跌之間交替，暴跌後出現報復性反彈的機率也較大，但大家要了解這只是反彈行情，前期超過1年的大牛市後，不會在1個月內完成調整行情，因此圖中標注的橫盤只是強勢反彈行情後的主力資金出貨。

見第55頁圖表1-20，*ST雲網（002306）的走勢和北方導航截然不同，因為北方導航處於反彈B浪的位置，而*ST雲網似乎已在上升趨勢的中繼中，所以技術分析形態已經被修復完畢，似乎要等待放量向上突破。

但是，在對股價後期走勢充滿無限希望時，股價選擇向下運行，

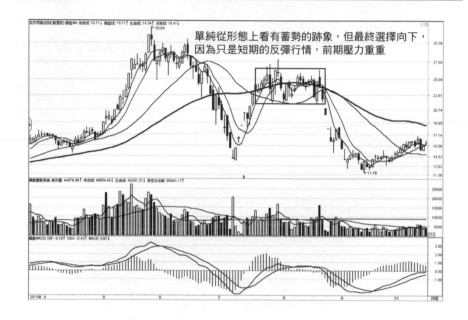

圖表 1-19 北方導航 2015/3/25 至 2015/10/23 的日 K 線走勢圖

而且以暴跌的方式向下。股價形成近期的高點後，進入橫盤整理期間。該橫盤整理期間並非上升的中繼形態，因為前一個上升波段在階段性頂部有明顯資金出逃的跡象，後期從股價與量能來看，也沒有場外資金的參與，所以要謹慎對待這樣的橫盤。最主要是在還沒出現向上選擇方向的訊號時，股價開始快速下跌。

圖表 1-20	*ST 雲網 2017/4/13 至 2018/3/6 的日 K 線走勢圖

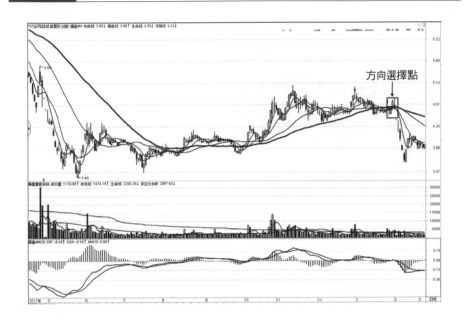

資金為王：股價需要資金推動，股民需要投資本金

　　江氏交易系統中，每次的交易決策成交量所占比例可達到50％，可見它的重要性。初學者容易關注股價而忽略成交量，因為價格走勢很好做文章，例如：透過幾根線就能找到有效的支撐位和壓力位。

　　解讀成交量需要邏輯思考，也就是說，分析成交量消耗的腦細胞會比分析股價多，所以很多投資者選擇繞開成交量，專注於分析股價，其實這樣做本末倒置。如果你是深度研究技術分析，卻沒有得到豐厚獲利的投資者，這句話或許讓你感觸非常深刻。

　　很多投資者在學習初期，對於「資金為王」理解有限。有的人覺得帳戶裡的錢是老大，若沒有翻盤的本金，就會被淘汰出局。有的人覺得股價上漲需要資金推動，所以成交量是老大。有的人只是感覺到資金的重要性，但對於到底什麼重要、為何重要，根本沒有自己的見解與判斷。

　　其實，資金為王要從兩個方面來看，只要其中一個方面理解不到位，就不會有穩定豐厚的投資獲利，以下詳細介紹這兩個方面。

1. 股價需要資金助力

　　資金是股價上漲的唯一推動力。這句話足以強調資金之於股價的

圖表 1-21	恒立液壓 2017/5/3 至 2018/3/8 的日 K 線走勢圖

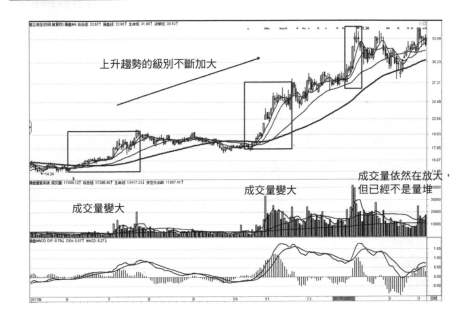

重要性，因為只有放量上漲時，才能證明股價上漲是被股市上的場外資金認可，股價持續上漲才有生命力。當然，在股價被高度控盤後的上漲是特殊情況，最常見的極端現象就是一字漲停板，因為此時股市基本上沒有賣出的意願。

　　股價變化的過程，一定是從小趨勢逐漸向大趨勢演化，也就是每個小級別的上升趨勢是否健康，將直接決定股價後期的趨勢該如何運行。如圖表1-21所示，恒立液壓（601100）的中長期上升趨勢中，分為幾個階段運行，這很明顯是「大趨勢由多個小級別趨勢構成」的案例。

　　這段時間的走勢是由3段很明顯的上升趨勢所構成，在前2個上升趨勢的運行中，伴隨成交量明顯放大，為最後一次的衝高做好充足準

備。

雖然在最後一個上升趨勢中有明顯的放量跡象，但有這個跡象的量柱只有2根，沒有構成堆量，所以使後期再次走出上升波段的動能開始大打折扣，即使股價不會很快轉頭向下，也會展開長時間的橫盤震盪。股價能夠健康地上漲，一定是在資金推動下完成，一旦推動股價上漲的核心能量出現問題，階段性調整或見頂的機率就會加大。

分析股價的運行時，一定要全面研究上升趨勢、下降趨勢及橫盤狀態。上升趨勢的運行需要資金推動，下降趨勢的運行卻不是如此。股價在下跌過程中不需要成交量，無量也會跌得很慘，因為股價的下跌就像自由落體，有重力牽引，向下牽引股價的重力就是賣盤，而且沒有場外資金積極介入，導致股價進入下跌狀態後，如果沒有很強的扭轉力量，就不會止跌。

和恒立液壓相反，太平洋（601099）在持續下跌過程中，成交量不斷萎縮（見圖表1-22），雖然在中途的反彈行情中明顯放出成交量，但根據江氏交易扭轉成交量的標準，還不足以推動大級別的上升趨勢。

喜歡超跌的投資者一定要注意，雖然盡量降低成本沒有錯，但如果你的介入點選在下降趨勢中，很可能會趕上持續下跌，就是低了還有更低，這也是經常被套牢的原因。

 ## 2. 股民需要資金助力

賺錢永遠比虧錢難，一旦出現10％虧損後，在不增加資金的前提下，需要賺11.11％才能回本；出現30％的虧損後，需要賺42.86％才能回本；出現50％的虧損後，需要賺100％才能回本；出現70％的虧損後，需要賺233.33％才能回本。

上面的資料給我們非常直接的啟示：絕對不能大虧。關於虧損的

圖表 1-22　　太平洋 2017/3/2 至 2018/1/16 的日 K 線走勢圖

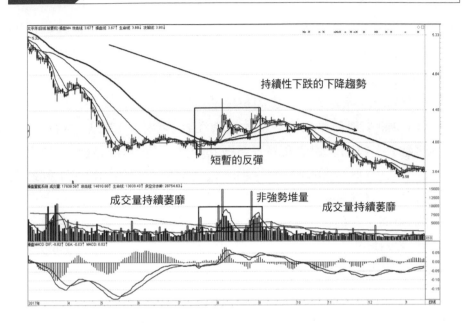

問題，後文會做深度闡述，此時切記只要帳戶裡有資金，就有翻牌的機會，但假如你的帳戶裡沒有錢，再大的行情也都與你無關。

本章小結 ────────────

第1-1節：主力思維要求我們從虧錢的思維中調整，把焦點放在賺錢的大資金操作者身上，立志要從80％虧損的股民中脫離出來，成為20％賺錢的贏家。無論是價值驅動型上漲還是資金推動型上漲，都要求在交易之前做好判斷，進而更好地持股。

第1-2節：趨勢是技術分析的靈魂所在，決定交易成敗的核心在於識別並掌握趨勢，因此交易者要做到順勢而為。分析趨勢的難點在於，對不同級別行情的劃分與識別，大趨勢和小趨勢如何在不同週期的走勢中交替和演繹。

第1-3節：不能片面理解「資金為王」，必須從2個方面著手：一是自己帳戶裡的錢，二是推動股價上漲的資金。只有這2方面的資金都健康，我們才有機會獲利豐厚。

 思考題 ────────────

1. 推動股價上漲的動因有幾種？在不同動因的推動下，股價的上漲形態有何不同？

2. 為何研究趨勢一定要區分趨勢的級別？

3. 資金對股價的上漲發揮什麼作用？

NOTE

_____ / / /

_____

_____

_____

_____

_____

_____

_____

_____

_____

_____

_____

_____

_____

_____

第2章

與主力資金為伍，
掌握操盤手3大方法

2-1

強者恆強、弱者恆弱：
跟隨強勢股時必須注意什麼？

「強者恆強、弱者恆弱」是股價走勢的定律，就像與什麼樣的朋友打交道，就會成為什麼樣的人。尤其在牛市中，你以為買進一檔處於低點、還沒有大幅上漲的股票，結果卻是大盤一出現風吹草動，原本低點的股票就破位下跌。

這是一種在社會學和經濟學中常見的現象，被稱為「馬太效應（Matthew effect）」，另有一種表現是「富者更富、窮者更窮」。有人認為，這種現象會明顯造成兩極化，與平衡的原理相悖，隨著時間的無限制遷移，終究會回歸到平衡中，所以這種現象是短暫的。

其實不然，這是平衡的另一種表現形式，就像「無限大的數字會在一個新維度上變為零」。事實上，強者恆強是積極向上的思維方式，告訴我們只有變得好才會更好，而且這種變化的速度通常是指數型增長。

強者恆強是對趨勢延續性的最好驗證。趨勢形成後很難改變，如果有充足的資金推動，股價就會走出強勢上漲的走勢，也就是漲了還漲、強者恆強。如果趨勢沒有形成，就不會走出強者恆強的走勢。

1. 緊跟強勢股

在選股過程中，雖然投資者一定要關注「與強者為伍」，但要知道強者只是在更大的機率上會恆強，只要不是100％確定的事件，就不能用「一定」這個詞，尤其是在無常且隨時變化的股市裡。

其實最重要的是關注位置，你操作的強勢股一定是在啟動初期，而不是上漲末期，因為一旦進入上漲末期就是階段性出貨。

如圖表2-1所示，威唐工業（300707）的上漲波段屬於典型的短期強勢資金推動的上漲，從最低點的啟動到整個上升趨勢的結束，可說是強勢上漲。因為在17個交易日內有4個漲停板，第二個上漲波段就是在3個漲停板後結束。

圖表 2-1　威唐工業 2017/10/17 至 2018/3/29 的日 K 線走勢圖

如果你在上漲初期或加速階段買進，一定會有豐厚獲利，因為你與強者為伍。如果在上漲末期買進，就有些遺憾，雖然從走勢上確認是強勢股，但已到達階段性高點。也就是說，當股市的所有參與者都能看出它是強勢股時，離開始出貨就不遠了，這要求投資者在每次分析過程中，做到足夠客觀、全面、理性。

連續漲停板的股票必然是強勢股，此外還有一種強勢股是會連續上漲，但過程中沒有出現連續漲停板。股票和人一樣都有基因，決定股票基因的要素有流通盤、經營能力、所在行業、所在地區等，會直接決定活躍資金對該標的的參與度，於是形成它特有的股性。

見圖表2-2，對神馬股份（600810）前期短暫築底後的強勢反彈行情來說，有明顯的活躍資金參與，但因為是從底部上來的第一波，

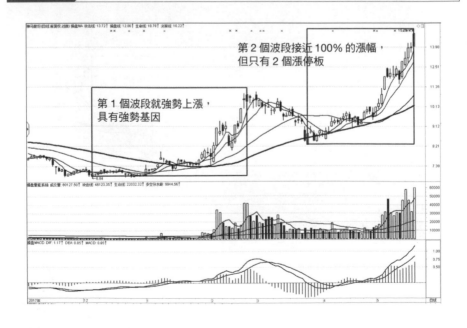

圖表 2-2 　神馬股份 2017/11/7 至 2018/5/21 的日 K 線走勢圖

已經走出連續性上攻、很少回檔的走勢，所以為股性的強勢奠定基礎，一旦股價的回測遇到強勢支撐，就值得關注。

從神馬股份2個上升波段的走勢中，不難發現都是陽多陰少的走勢，這是非常強勢的表現，會帶來驚人獲利。

2. 遠離弱勢股

雖然關於強者，我委婉地用了並非「一定」恆強來表述，但對於弱者卻給出非常肯定的判斷──弱者一定恆弱。在實戰操作過程中，我們一定要遠離弱者。所謂的弱者，不是單純指持續下跌，那些在空頭趨勢中一直沒有人氣、沒有顯示空轉多訊號的同樣也是弱者，這些弱勢股票很容易出現危險訊號。

投資者選擇標的時，盡量不要碰弱勢股，除非有一套標準，否則千萬不要輕易嘗試。你可能心想，有些股票明明看起來很弱，但是突然漲起來。這樣的案例確實存在，但這種股票在強勢啟動時，一定有走強的訊號，只是我們要夠細心才會發現。

如下頁圖表2-3所示，江龍遊艇（300589）在走強前的下跌趨勢中，股價持續下跌、成交量持續減弱，股價在60均線下弱勢下跌。股價透過第一個下跌波段，在60均線下建構一個弱勢橫盤的調整形態，因為受阻於60均線，最終還是向下選擇方向，完成更大級別的ABC調整結構。

股價在最後一個下跌波段的運行過程中，下跌K線的實體逐漸減弱，止跌後沒有以大陽線的方式扭轉行情，而是以弱勢陽線的方式逐漸修復短期均線，此時開始有成交量明顯放大的跡象。也就是說，江龍遊艇最終的強勢上漲，是在空方動能衰竭、多方動能開始充分累積後才形成。

分析股票的重點在於找到趨勢的轉折和確認點，這也是弱勢股向

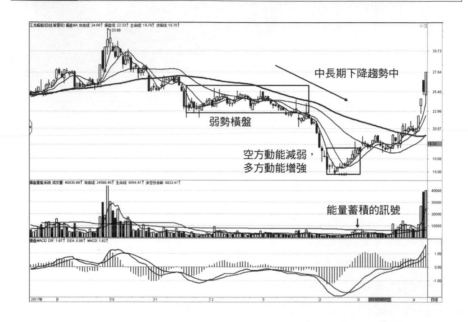

圖表 2-3 江龍遊艇 2017/8/18 至 2018/4/11 的日 K 線走勢圖

強勢股轉折的關鍵。

究竟什麼是強勢股？其實不同的人有不同的定義。觀察圖表2-4
融钰集團（002622）的前期走勢，可以看到都是以弱勢K線為主。如
果不看它之前的走勢，很容易形成一種錯覺：股價進入高度控盤狀
態，後期會有強勢拉升。

投資者一定要關注它更早之前的運行，這是確定股性的關鍵，因
此要分析之前的走勢，到底這個橫盤是不是控盤後的蓄勢，以及理由
是什麼？

融钰集團長時間的弱勢橫盤是因為沒有強勢資金參與，也就是它
的流通盤非常分散，很難合力形成一致性行情。上升趨勢與下降趨勢
的差別在於，上升趨勢的推動必須有資金，但股價一旦進入下降趨

圖表 2-4　融珏集團 2016/12/14 至 2018/5/21 的日 K 線走勢圖

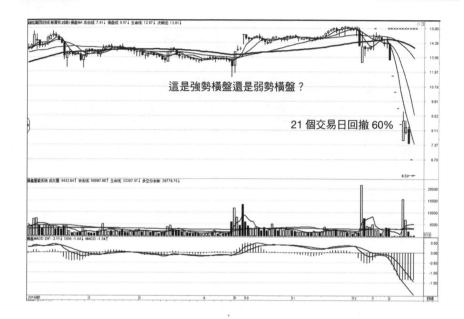

勢，只要沒有人氣，就會進入斷崖式下跌狀態。

截斷虧損：下降趨勢時，
千萬不要補倉攤平成本

很多投資者的心態是：「虧錢就堅定持股，賺錢就趕快出場。」若抱持這種心態，長期下來根本賺不到錢，但大部分散戶總是這樣做。其實，只要反過來做就會獲利，也就是「虧損時快點溜走，獲利時堅定持股」。

這是在股市中的逆向思維。逆向思維不只要求我們在恐懼時進場，也要求在瘋狂時兌現，具體到每一次的交易。其實，股價的運動最後反映到帳戶上只有2個方向：虧損和獲利。因此，當我們可以控制帳戶不往某一個方向運動時，最終只會選擇另一個方向。

關於補倉（意指在低於先前的股價買入股票）的問題更加重要，很多投資者受到「補倉攤平成本」這種說法影響，認為越跌越要買進，導致部位越來越重，雖然虧損的比例好像下降，但是虧損的淨額越來越多。

要注意的是，**買進沒有問題，但目的不是為了攤平成本，而是在看到好機會時可以加大部位，進而實現更多獲利**，所以任何補倉的位置，一定是確定股價會出現某個級別的向上運動時。

切記，在下降趨勢補倉永遠是錯的，因為股價有繼續創新低的風險。雖然補倉讓每股的成本降低，但是總成本提高，一旦股價再創新低，就會導致總虧損放大。

1. 不再放大虧損

　　見圖表2-5，從海聯訊（300277）前期連續上漲的走勢中，不難看出它曾經是一檔強勢股。

　　第2-1節提到，投資者要關注強勢股的位置，如果在強勢資金出貨的位置進場，會面臨較大的風險。海聯訊上漲末期，曾出現開高走低的陰線，與前期強勢上漲構成強烈的反差，是潛在的風險訊號。但是，很多股民總是後知後覺，在階段性高點買進，然後股價下跌後還抱有幻想，不願意停損認賠。

　　海聯訊的走勢鮮明地展現股民的心理狀態，高點進場後遇到股價連續下跌，帳面浮動虧損來到30％。我曾聽到一個令人又氣又好笑的

圖表 2-5 海聯訊 2017/7/31 至 2018/2/23 的日 K 線走勢圖

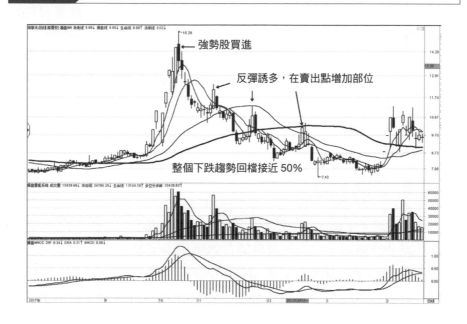

說法：「我是想在虧損10％的時候停損，沒想到直接虧了30％，根本沒有停損的機會。」

首先我們要知道，股價的漲跌不會因為個人意志而改變，股市永遠是對的，我們能做的只是藉由所學來識別股價會怎麼運行，所以判斷必然會有對錯，我們只要在做對時享受股市給予的豐厚回報，做錯時勇於認錯就好。

從海聯訊的走勢中不難發現，在後期的持續下跌行情中是有反覆的，前面的強勢上漲必然會以強勢轉頭向下，終結上升趨勢。此後的股價走勢不是橫盤就是下跌，其中的上漲只是短暫的反彈行情。

我們如果理解15.29元後的上漲只是短暫的，就知道這是出場認輸的最好機會。找個機會及時出場，而不是毫無根據地幻想後期股價會上漲到哪裡，才不會讓虧損無止境地放大。

海聯訊的頭部屬於標準的V型反轉，以快漲後快跌結束，若沒有及時出場，最大的虧損將接近50％。從開始下跌到這個波段的最低點，運行的時間接近2個月，而且沒有跌停板的情況，這說明有足夠的時間和機會賣出。

回到一個更現實的問題：都虧損30％了還能虧多少，不需要減少部位吧？這個問題的答案是否定的，因為在確認下跌趨勢後，我們不知道股價會跌到哪裡，因此要等待新的上升趨勢出現，確認訊號後，才會有更好的交易機會。

 ## 2. 走向成熟交易

學會截斷虧損是走向成熟交易的第一步。關於截斷虧損的好處，前文已充分介紹過，但執行時可能會遇到很多困難。

假設你遇到一檔基本面非常好的標的，例如：業績5年增長10倍的上市公司，是具有中長期投資價值的標的。但不幸的是，你選在一

圖表 2-6　通策醫療 2017/7/11 至 2018/5/21 的日 K 線走勢圖

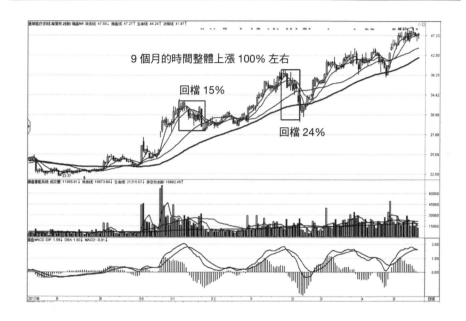

個階段性高點的位置買進，接下來股價必然會確認回檔，此時必須大幅減少部位，等待新的啟動點出現。

有些人說中長期堅定持股就好，不要做波段的價差，因為我們無法判斷股價何時調整、何時啟動。這種情況的原因只有一個，就是你的技術還不夠成熟。只要經過有系統的學習，還是可以掌握波段中的大高點和低點。

見圖表2-6，通策醫療（600763）是基本面被一致認可的股票，在2017年下半年和2018年上半年的醫療股行情中，它的表現算是說得過去，因為在沒有連續2個漲停板的情況下，股價攀升一倍，可見對它一致看多的人氣較強。

但是，股價在上升過程中難免會回檔，若不考慮小幅回檔，圖表

中標注的2次回檔分別是15％和24％。如果在其中做好波段的價差，會大幅提高整體獲利。

　　所有趨勢的運行，都是由一個個不同級別的波段推壘而成。圖表2-6中的上升趨勢也一樣，每一個波段在日線上很難看出合適的買賣點位，但在30分鐘或60分鐘的走勢圖上，可以找到明確訊號。

　　如果我們要參與波段操作，買低賣高的週期最大放在60分鐘走勢圖上，也就是說，當60分鐘上出現跌破上升趨勢線的走勢時，必須減少部位。

2-3

讓利潤奔跑：獲利多寡取決於承受回檔的能力

「截斷虧損，讓利潤奔跑（Cut losses, let profits run，又譯為停損趁，獲利抱牢）」是華爾街的投資名言。

然而，要對這8個字做到知行合一，有的人需要好幾年，有的人需要十幾年甚至數十年。雖然它的道理簡單，但是想深入理解，需要在反覆實戰中錘鍊。

從理論上來講，強調截斷虧損之後，帳戶只會選擇一個方向，那就是獲利。每位投資者都要面對這樣的過程：從大虧到小虧，從小虧到不虧，從不虧到小賺，從小賺到大賺。在整個過程中，投資者越了解股市，會越接近股市的根本結構，當可以與股市共舞時，就能不停獲利。

 ## 1. 浮動盈餘是一種肯定

當你可以有效規避大風險時，帳戶會開始出現浮動盈餘，有的浮動盈餘是因為多次交易累計而來，有的則是在持續交易一檔股票時產生。先選到一個好的進場點，之後便會產生獲利，為後期的持股觸發好的心理作用。

股市中需要辯證處理的問題無時不在，例如：大資金和小資金進

場後的狀態大相逕庭。大資金進場後，短時間內一定是被套牢的狀態。小資金追求更高的資金利用率，最理想的狀態是買進後獲利，但對於技術水準累積不夠的散戶來說，這非常困難，他們要養成進場後能承受回檔的能力，還要學會買進就能產生獲利的方法。

無論是多大資金的操作者，追求的最終目標都是產生獲利。更重要的是，帳戶上的獲利不斷增加，是對我們前期判斷的有效印證和肯定，但如果進場後出現虧損，我們很容易開始質疑前期對更大趨勢的判斷。

圖表2-7中標出信立泰（002294）的2個買點，只是為了說明問題，而找出2個具有代表性的時間點，不代表是真正建議的買點。在介入2個不同的買點後，持股的心態一定截然不同。

第一個買點在相對低點，買進去就是陽線，股價開始上漲，帳戶出現浮動盈餘，後期股價一直在操盤線上，完全沒有跌破波段操作的風控線，這大幅降低持股難度。

如果你在前期整個上漲波段都處於遲疑的狀態，在第二個買點的位置，忍不住帶著無限的憧憬買進，那麼現實非常殘酷，股價不漲反跌。在股價回檔階段，若你不懂技術分析，可能會堅定持股到底，等待解套和後一個上漲波段，只是在此期間得忍受股價大幅回檔的風險。

此時，不討論執行力非常強、在股價跌破操盤線就出場的情況，因為能做到跌破操盤線就賣股的人，基本不會在第二個買點的位置買進。如果你的交易系統還不夠穩定，不小心在第二個買點買進，又在跌破操盤線的位置賣出，那麼你依然是對的。

在規避後期的下跌後，股價再次帶動攻擊線和操盤線黃金交叉，一旦股價形成小週期上的平台突破，就會構成新的買點。但即使後面能夠有效買進，也必然要承擔前期錯誤的買點所帶來的成本。

圖表 2-7	信立泰 2017/7/31 至 2018/1/19 的日 K 線走勢圖

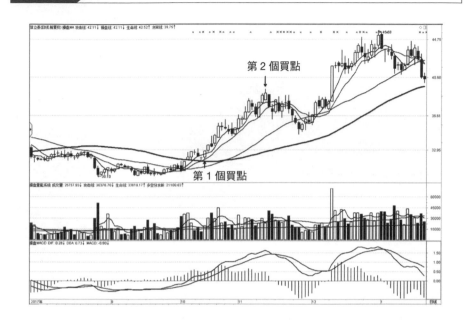

 ## 2. 賺錢是一種氣度

許多資深股民回過頭看自己的交易歷史，總覺得自己錯過太多大牛股，殊不知即使時間倒流，也很難賺足整個趨勢的利潤。

在股市中，你想賺多大金額的錢，就需要有多大的氣度和格局。比方說，你每次只想賺5％，只需要有正常人的意識和格局，關鍵在於掌握短期趨勢與具有風險控制能力。但如果你一次交易想賺200％，就必須有控管更大趨勢的能力，容忍期間的回檔、橫盤。

其實，不是所有公司都像樂視網一樣，股市還是成就一部分優質的上市公司。長春高新（000661）在13年的時間裡，走出20倍的上漲空間（見下頁圖表2-8），但在這檔股票上賺錢的是公司本身和部分

圖表 2-8

長春高新 2003/11 至 2018/4 的月 K 線走勢圖

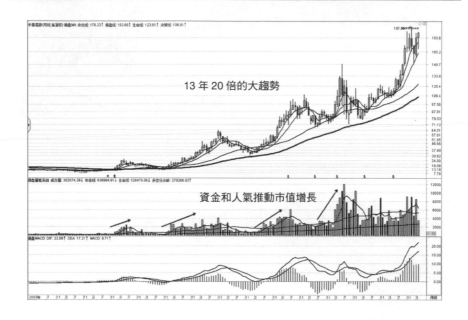

機構，很少有散戶賺得非常開心。即使現在從月線級別來看，這檔股票有大行情，但在10年前就斷定它能走出大行情的人寥寥無幾，而在股價震盪中能獲利超過20倍的人則更少了。

　　股市的玄妙之處在於，它對人性的錘鍊是任何一個行業或工作都無法提供的。

投資箴言

　　對趨勢投資者來說，頂級的趨勢叫作時代，次級趨勢是經濟週期，最下層的趨勢才是公司的經營節奏。最下層的趨勢循環要以年計算，但我們往往陷在「今天買進、明天漲停」的賺快錢預期中。股市有投機的特性，可以讓你賺到快錢，但沒有大勢助威時，你必然更勤奮。

經 典 答 疑 --------------------------------

提問者：張女士

無論是從資金還是專業程度來看，我們都是散戶，為何要學習主力的操盤思維？這對我們的交易有多大的指導作用？感覺快速掌握一些操作方法會更有用。

回答者：君潔老師

股市是二八法則，只有20％的人賺錢、80％的人虧錢。有先見之明的人會選擇跟隨老師學習，因為可以大幅提高成為20％贏家的比例，但依然不能達到100％，畢竟這個比例還會受到人的思維方式、格局、閱歷所影響。

不可否認的是，股市中的主力資金大部分都是賺錢的，而且他們才是股市20％贏家的主力軍，也就是說，在金字塔頂尖能夠賺錢的散戶比例更少。因此，學習主力思維、像主力一樣思考，是為了讓我們擁有更大的機率，成為那20％有賺錢的人。

股價的變化是在大資金的推動下被人性驅使，所以要成為交易高手必須解決2個問題：一是大資金操作者如何運作股價？二是人性在面對市場變化時如何反應？想獲利的人，一定會追隨大資金、反人性操作。所以，主力思維是投資市場的大道，學習主力思維才是我們在股市中長期生存，進而實現穩健獲利的基礎。

本章小結 ────────────────────

第2-1節：選股和擇時是投資股票的永恆話題。對初學者來說，一定要養成與強者為伍的習慣，因為只有強勢股才會為我們帶來豐厚獲利，而弱勢股則帶給我們更多的是風險。

第2-2節：如果你是投機者，還沒養成停損的習慣，那麼你一定還沒進入穩健獲利的狀態，因為不排除大風險的隱患就像在河邊行走，鞋子總會有濕掉的時候。股市一旦被下跌的洪水淹沒後，很可能導致你的帳戶數年無法翻身。

第2-3節：讓利潤奔跑是每位投資者追求的，能夠達到這種狀態必定要經歷重重困難。投資者想在股市中不斷獲利，就要有閒看雲卷雲舒和花開花落的淡然，更要有長時間隱忍後看到獵物果斷出擊的勇敢。

 思考題 ────────────────────

1. 操作強勢股有什麼好處？強勢股的風險大嗎？
2. 你是如何看待虧損的？你的風控規則是什麼？
3. 為什麼散戶總是拿不住大牛股？

NOTE

_____ /   /   /
_____
_____
_____
_____
_____
_____
_____
_____
_____
_____
_____
_____
_____
_____
_____

第 3 章

抓住股價趨勢與位置，活用實戰工具與技巧

從 6 種行情找出股價運行規律，提升財富等級

操盤手的成長之路十分艱難，需要有足夠的專業知識，還要有適合交易的性格，因此對操盤手來說，博覽群書、累積眾家之長是最基本的要求。本章將和大家分享投資交易必備的知識，如果你想變得專業，就要在這些方面有更深的造詣。

 ## 順勢交易的優點

股市中，經常可以聽到有人提起順勢而為，它到底可以為投資者帶來哪些好處？不妨看看以下12個討論順勢交易的說法。

1. 順勢而為，借勢而上，造勢而動。

2. 順勢為中，借勢為上，造勢為下。

3. 順勢最易，借勢稍難，造勢境界最高。

4. 順勢而動，大事可成；借機轉勢，風範永駐；善於造勢，必有勝局。

5. 順勢能借力使力，借勢能使壞事變好事，造勢能無中生有，有中求變。

6. 順勢展現智慧，借勢展現駕馭全域的本事，造勢展現膽識。

7. 順勢就是著眼於事物的本質，借勢就是著眼於外力的作用，造勢著眼於自身能力的發揮。

8. 順勢就是順應時代追蹤時尚，借勢就是利用發揮有利形勢；造勢就是主動營造局部有利態勢。

9. 順勢而為，以變應變，變中求勝；借勢而為，就勢發力，就勢取勝；造勢而為，以小勝大，以弱勝強。

10. 順勢順應事物的運動規律，借勢借助自然客觀規律和社會的力量，造勢營造有利於完成目標的內外環境。

11. 順勢而為，往往如魚得水，事半而功倍；借勢而上，往往借力使力，無往不利；造勢而動，往往善於劍走偏鋒，則能居於上風。

12. 順勢講究度天時、識地利、重人和，順應大勢所趨；借勢講究大勢不可改，而小勢可改，借東風破西浪；造勢講究化一切被動為主動，轉劣勢為優勢，以巧破力。

由上述可知，在投資過程中，趨勢是實現穩定獲利的核心因素。要做到順勢而為，首先要了解趨勢是有級別的。在股價每天的漲跌中，如何找出其運行的規律，是我們能夠在投資中取勝的關鍵。

股市參與者很多，特別是機構投資人對股價的影響較大，他們藉由自身強大的資金實力，對趨勢產生一定的推動力。

股市參與者有造勢者和順勢者兩種。普通投資者只能做順勢交易，因為沒有造勢的實力，但機構的資金，尤其是多個機構聯合看多一個標的時，很容易積極推動股價上漲，進而引領上升趨勢。

在參與交易的過程中，自己的定位非常重要。造勢者必須有魄力，順勢者則不能妄想改變趨勢，或在趨勢形成前盲目猜想，而是客觀對待股價走勢，理性尋找趨勢運行中勝率較高的操作機會。

江氏交易體系是從定性到定量的分析過程中，實現理性交易，只有定量的標準才能保證交易體系的科學與完善，例如：基於道氏理

論、波浪理論和混沌理論衍生出的纏中說禪，是散戶和機構投資人津津樂道的一種投資方式，但需要花費大量時間和精力理解，讓很多投資者望而卻步。

 # 1. 特級行情

特級行情是指月線級別的行情機會。月線行情機會是指在月線走勢上，均線系統走出一次充分下跌，股價在60日均線下形成攻擊線和操盤線的黃金交叉後，成交量不斷放大，推動股價上穿30日均線或60日均線。在實際走勢中，可能會出現更大級別的趨勢，例如：季線、年線，原理一致，這裡不做過多闡述。

月線級別的執行時間都是以年來計算，所以無論是上漲、下跌還是橫盤持續的時間都很長，也是真正牛熊分界的趨勢級別。

回顧上證指數（999999）在2006年啟動的6124行情，可以發現在前期充分下跌，也就是30和60月均線全部轉頭向下後，5、10月均線在相對低點的黃金交叉開始放量上漲，啟動一輪浩蕩的牛市，但此時上方還有30和60月均線的壓制，且還在死亡交叉狀態。

如圖表3-1所示，隨著上證指數從下往上依序站穩30月均線和60月均線，確認大級別牛市的啟動。

再看2008年的強勢反彈行情，因為前期走出暴漲暴跌的走勢，30月均線和60月均線還沒轉頭向下，大盤指數已實現一輪暴跌，因此這輪行情只是前期暴跌後的強勢反彈，行情級別不大、獲利空間有限。

從2008年開始，股價進入漫長的下跌階段，帶動30月均線和60月均線轉頭向下，開始漫長的熊市，直到2014年再次啟動一輪牛市，同樣是在60月均線還在轉頭向下的情況下，開始大的牛市。

從大盤分析中可以發現，一波強勢行情通常發生在充分下跌之後，但是大牛市的啟動只要經過足夠的橫盤時間，也就是股票實現充

圖表 3-1	上證指數 2002/6 至 2016/2 的月 K 線走勢圖

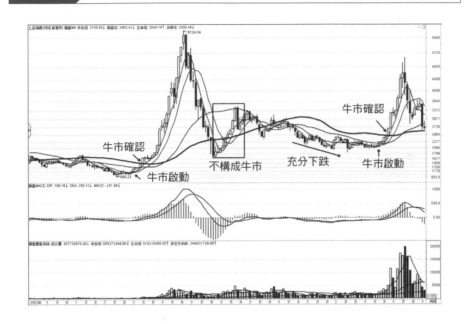

分換手即可，不需要等到60月均線轉頭向上。

 ## 2. 牛市行情

　　牛市行情是指週線級別的行情機會。週線行情機會是指在週K線走勢圖上，能夠看到股價在60週均線上反覆震盪實現充分換手後，以放量的形式啟動上升趨勢，此時週K線上的均線系統已處於黏合或多頭形態。這是週線行情機會的一種情況，如果你深度研究纏中說禪就會明白，這是月線行情機會上升趨勢中的一個子上升波段。

　　還有一種情況是，股價前期的下跌破壞週線系統，導致60週均線轉頭向下，但股價從空頭向多頭形態開始扭轉，從5週均線、10週均

| 圖表 3-2 | 瑞和股份 2014/10 至 2017/3 的週 K 線走勢圖 |

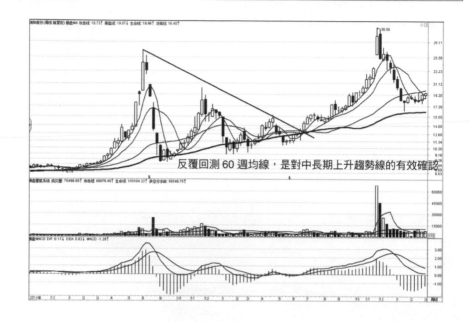

反覆回測 60 週均線，是對中長期上升趨勢線的有效確認

線的黃金交叉開始，帶動30週均線、60週均線走平或呈現黃金交叉。

　　見圖表3-2，在瑞和股份（002620）中長期的上升趨勢中，60週均線始終保持連續性向上。在2015年的牛熊分界行情中，瑞和股份也走出暴漲暴跌的行情，股價在之後1年多的時間裡反覆寬幅震盪，並對60週均線進行多次確認，每次都未有效跌破60週均線。其實不難發現，股價在中長期的走勢中依然處於上升趨勢中，在經過階段性修正後才再次上漲。

　　見圖表3-3，雅化集團（002497）的走勢與瑞和股份不同，雅化集團經過更長時間的弱勢橫盤，期間60週均線已經在長時間橫盤的帶動下向下轉頭，而且股價在60週均線下弱勢橫盤。單從形態上來看，股價在向上形成有效突破前呈現下跌走勢，但差別是沒有選擇向下突

圖表 3-3	雅化集團 2015/4 至 2017/11 的週 K 線走勢圖

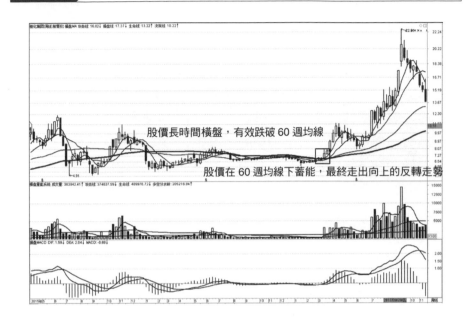

破，原因在於這是一檔基本面很卓越的股票。尤其在2017年，新能源汽車和鋰電池概念的牽引下，成為股市的主流焦點。

其實，雅化集團的走勢不只是週線行情，但因為其跌破60週均線，因此不是月線級別的行情。如果深度研究雅化集團更早的歷史走勢，會發現雅化集團走出來的是季線、甚至更大級別的行情。

以下將趨勢的級別進行量化的劃分，列舉投資者分析股價走勢時，常見的6種趨勢級別的機會，藉由週期上60均線對多空趨勢的劃分作用，將雜亂無章的走勢變得有規律可循。

3. 一級行情

　　一級行情是指日線級別的行情機會。日線行情機會是指在日K線走勢圖上，能夠看到股價在60日均線上反覆震盪實現充分換手後，以放量的形式啟動上升趨勢，此時日K線上的均線系統已經處於黏合或多頭形態。這是日線行情機會的一種情況，也是週線行情機會上升趨勢中的一個子上升波段。

　　還有一種情況是，股價前期的下跌對日線系統形成破壞，導致60日均線轉頭向下，但股價從空頭向多頭形態開始扭轉，從5、10日均線的黃金交叉開始，帶動30、60日均線走平或呈現黃金交叉。

　　無論是哪個週期上的行情機會，只要能夠在底部區間充分橫盤，對後期更大級別趨勢性走勢的確定性就會更強。

　　見圖表3-4，寧波中百（600857）在前期經過大幅下跌後，走出一波反彈行情，之後股價展開持續橫盤整理，而且低點不斷抬高，K線的振幅越來越小。

　　前面的下跌帶動60均線轉頭向下，60均線在後期的橫盤中也形成上下波動的走勢，最終股價以弱勢橫盤的方式站上60均線，之後K線的實體開始變大，上升趨勢向上的角度也越來越陡峭。

　　在整個走勢過程中，第一個上升趨勢為60分鐘級別的趨勢行情，經過該趨勢的正常回檔後，股價不再創新低，而在60均線上方再次上漲，又完成第二個60分鐘的上升趨勢，兩個60分鐘的上升趨勢加在一起，構成一個大的日線級別上升趨勢。

　　也就是說，當第一個上升趨勢開始時，是一個獨立的60分鐘上升趨勢，待股價調整後再次上漲，前一個上升趨勢的性質沒有變化，但

| 圖表 3-4 | 寧波中百 2016/1/27 至 2016/12/22 的日 K 線走勢圖 |

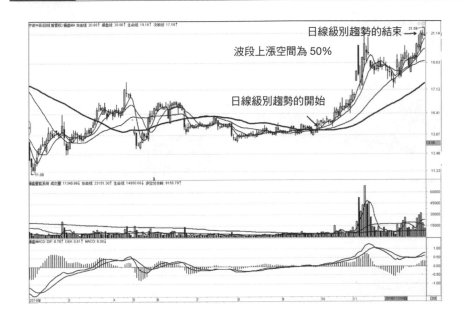

成為一個大的日線級別上升趨勢中的子上升趨勢。如果你能夠徹底理解這段話，會對多週期看盤有更深入的認識。

4. 二級行情

二級行情是指60分鐘級別的行情機會。60分鐘行情機會是指在60分鐘K線走勢圖上，能夠看到股價在60均線上反覆震盪後，以放量的形式啟動上升趨勢，此時60分鐘K線上的均線系統已經處於黏合或多頭形態。這是60分鐘行情機會的一種情況，也是日線行情機會上升趨勢中的一個子上升波段。

還有一種情況是，股價前期的下跌對60分鐘K線系統形成破壞，

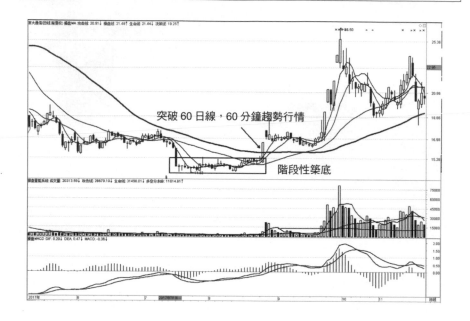

圖表 3-5 吉大通信 2017/5/8 至 2017/11/22 的日 K 線走勢圖

導致60均線轉頭向下，股價從空頭向多頭形態開始反轉，由60分鐘走勢圖上的5、10均線的黃金交叉開始，帶動30、60均線走平或呈現黃金交叉。

見圖表3-5，吉大通信（300597）的上升趨勢屬於典型的60分鐘級別上升趨勢，股價在60均線下方弱勢橫盤，呈現築底的跡象。然後，透過漲停大陽線的方式上穿60均線，即使有技術性回測，也不跌破60均線，而且在這個過程中，60均線逐漸走平。這是一檔具有牛股基因的股票，在重要位置選擇以漲停板的方式突破，回補跳空缺口後快速上漲。

從股價運行的整體走勢上不難看出，這是一個一氣呵成的上升趨勢，運行的時間不到3個月，不足以構成日線上的上升趨勢，即使漲

圖表 3-6　吉大通信 2017/7/14 至 2017/9/29 的 60 分鐘 K 線走勢圖

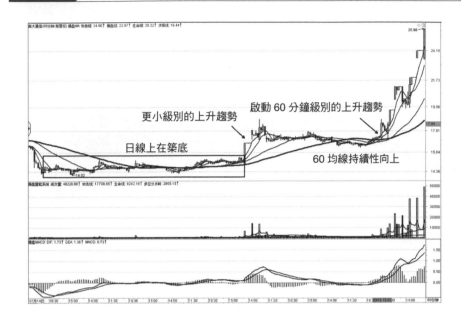

幅較大，也只是60分鐘級別上升趨勢。

　　60分鐘行情機會、15分鐘行情機會及5分鐘行情機會，都屬於分時週期上的小趨勢。最簡單的分辨方法是，在對應週期的K線走勢圖中確定對應的走勢，但為了讓大家更好理解週期之間的關係，會把這3種分時趨勢上的機會，在日K線上進行對比和投射，目的是幫助大家深入理解趨勢級別。

　　見圖表3-6，60分鐘上的走勢是將日線上的走勢放大，均線的變化速度更快，所以在日線上弱勢築底的過程中，60分鐘上已完成60均線的修復。在60分鐘走勢圖上的第一個上升趨勢的級別更小，最多屬於15分鐘上，之後建構出在原中樞上的新中樞，此時只是帶動60均線在大角度向上的過程中扭轉角度，並沒有改變趨勢方向。

股價再次向上突破時，開始運行第二個15分鐘上的上升趨勢，在將兩個15分鐘上的上升趨勢合併後，才構成一個相對15分鐘級別趨勢更大的60分鐘級別上升趨勢。

 ## 5. 三級行情

三級行情是指15分鐘級別的行情機會。15分鐘行情機會是指在15分鐘K線走勢圖上，能夠看到股價在60均線上反覆震盪後，以放量的形式啟動上升趨勢，此時15分鐘K線上的均線系統已經處於黏合或多頭形態。這是15分鐘行情機會的一種情況，也是日線行情機會上升趨勢中的一個子上升波段。

還有一種情況是，股價前期的下跌對15分鐘K線系統形成破壞，導致60均線轉頭向下，但股價從空頭向多頭形態扭轉，從15分鐘走勢圖上的5、10均線的黃金交叉開始，帶動30、60均線走平或呈現黃金交叉。

有很多種情況會出現15分鐘行情，可能是在日線上的下降趨勢中出現一次獨立反轉行情，也可能是60分鐘行情中的一個子行情，也可能是日線行情中60分鐘行情上的一個15分鐘行情趨勢。前文在分析60分鐘行情機會時，已經做了介紹，這裡針對下降趨勢中的快速反轉行情進行分析，可以得知這是導致我們虧錢的最常見原因之一。

如圖表3-7所示，藍盾股份（300297）處在60均線持續向下的走勢中，這說明原來的下降趨勢還沒被扭轉，操作上要以看空為主。隨著股價開始止跌，有建構階段性底部的跡象，在1個多月裡，股價的低點不斷抬高、高點不斷降低，走出明顯的收斂形態，此時短期均線與生命線已經匯合，並且有明顯向決策線靠攏的跡象。

隨著股價向上突破收斂平台，可以確認行情要向上扭轉，但由於受到更大週期均線的壓制，所以行情級別有限。從橫盤時間來看，向

圖表 3-7	藍盾股份 2017/9/27 至 2018/4/3 的日 K 線走勢圖

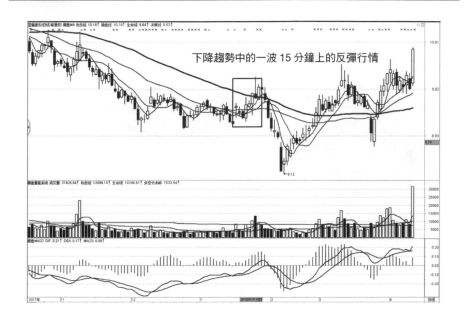

上突破後的行情至少是一個15分鐘級別行情機會，該行情機會有2個或以上的5分鐘上升趨勢。

　　如何判斷該反轉行情是否結束？這需要分析小週期的走勢。該波段行情在15分鐘的走勢如下頁圖表3-8，日線上前期的橫盤震盪在15分鐘上呈現寬幅震盪。在突破底部平台後，完成5分鐘上的一個上升趨勢，經過不創新低的回測後，後期再次上漲至少還有1個5分鐘級別上升趨勢，這是透過行情走勢可以確認的機會。

　　從藍盾股份2個週期的走勢中可以看出，在日線走勢上，前期沒有明顯放量形態，開始放量時就是近期的15分鐘行情波段，但隨著量能的放大，該15分鐘的上升趨勢也結束，這是在原下降趨勢中的一次誘惑性行情。

圖表 3-8	藍盾股份 2018/1/9 至 2018/1/25 的 15 分鐘 K 線走勢圖

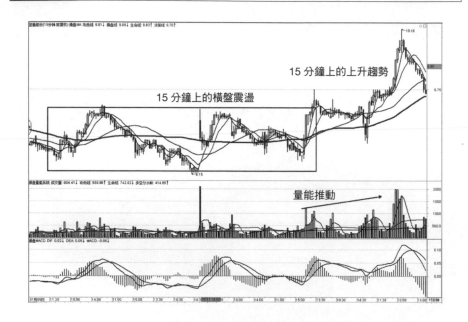

該小級別行情的實際級別是15分鐘,所以分析該波段的走勢要在15分鐘上,從15分鐘的走勢圖可以清楚看到,該波段的反轉行情在小週期上有明顯的量能推動。

6. 四級行情

四級行情是指5分鐘級別的行情機會。5分鐘行情機會是指在5分鐘K線走勢圖上,能夠看到股價在60均線上反覆震盪後,以放量的形式啟動上升趨勢,此時5分鐘K線上的均線系統已經處於黏合或多頭形態。這是5分鐘行情機會的一種情況,也是日線行情機會上升趨勢中的一個子上升波段。

　　還有一種情況是，股價前期的下跌對5分鐘K線系統形成破壞，導致60均線轉頭向下，但股價從空頭向多頭形態開始扭轉，從5分鐘走勢圖上的5、10均線的黃金交叉開始，帶動30、60均線走平或呈現黃金交叉。

　　5分鐘行情機會的操作價值不大，但是分析時要關注，在尋找合適的買賣點時，要盡量回避5分鐘上的頂部背離點，因為此時容易遇到回檔。尤其對短線投資者來說，如果買在小週期的背離點，面臨的回檔基本上會達到停損位。

　　其實，核心問題是在大週期的趨勢還沒有扭轉，也就是在大週期還處於下降趨勢時，一旦小週期的背離點遇到大週期的壓制，此時就是及時出場的好機會。

　　見下頁圖表3-9，在海南椰島（600238）的日線走勢中可以看出，60均線持續向下運行，前期股價有明顯的止跌跡象，K線的振幅開始加大，也就是多空的分歧在該位置開始明顯。此時正是海南自貿區概念較熱門的時期，但是海南椰島前期的換手和整理時間不夠，導致在海南類股的第一波炒作中沒有強勢上漲。5分鐘上的走勢是將日線的走勢深度放大，因此圖中標注的1根日K線在5分鐘上可以走出明顯的趨勢性行情。

　　海南椰島日線走勢圖中框起來的3根K線，在5分鐘上放大的走勢如下頁圖表3-10。在日線上的那根十字星，在5分鐘上還是下降趨勢中，雖然有止跌跡象，但震盪依然很大，不過很快地修復5分鐘上的60均線。

　　股價站穩60均線並構成一次有效回測後，再次上漲就是在建構5分鐘的上升趨勢。在5分鐘的走勢圖上，該5分鐘的上升趨勢總共運行43根K線，滿足了在小週期弱勢的情況下，一個趨勢波段在時間上的要求。任何一個趨勢，無論對應哪個週期，在時間、空間及形態上都會有其獨特的屬性。

圖表 3-9　海南椰島 2017/11/16 至 2018/4/16 的日 K 線走勢圖

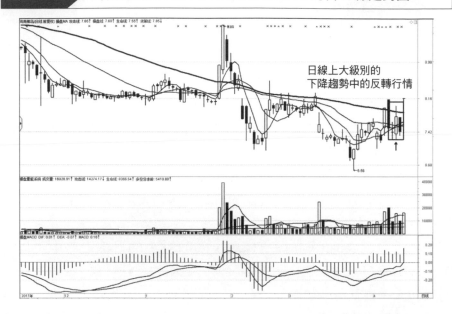

日線上大級別的
下降趨勢中的反轉行情

圖表 3-10　海南椰島 2018/4/10 至 2018/4/13 的 5 分鐘 K 線走勢圖

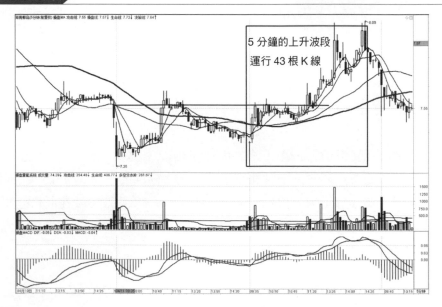

5 分鐘的上升波段
運行 43 根 K 線

投資箴言

　　下跌過程一定會有15分鐘和5分鐘的小級別誘多行情機會，上漲的空間有限，不是放棄就是只能小部位操作。如果你想成為職業操盤手，一定要學會等待好機會出現，不能為一些蠅頭小利冒著巨大風險。

　　在此強調一種小級別趨勢和大級別趨勢相悖的走勢，這在強勢股的走勢中很常見。因為無論是什麼級別的趨勢行情，都要在一波三折中才能完成，所以大趨勢的運行必然會由多個同向的小趨勢，以及反向的更小趨勢構成，只有這樣才能保證趨勢的持續性。

　　舉例來說，分析下頁圖表3-11南威軟體（603636）前期的走勢，可以判斷它已經具備階段性築底的跡象，後期運行的趨勢級別至少在日線上，所以股價一旦出現有效回測，就是不斷進場和加碼部位的點位。

　　圖表3-11中標示出股價放量站穩60均線，是一個確認趨勢的訊號，距離後期的爆發性行情已經不遠，尤其南威軟體從60均線之下向60均線之上運行的波段，是以連續陽線完成。而且，期間出現明顯的標誌性K線，為判斷這檔股票的股性強弱提供基礎的保證，配合趨勢線、水平線及通道線，再次確定相對準確的下單點位。

　　股價第一個上升趨勢有效突破前高後展開回檔，但沒有影響30和60日均線的走勢，只是帶動5、10均線的轉頭向下和死亡交叉。在這個過程中，股價回檔縮量已經達到明顯控盤的狀態，從日線結構上得到的訊號是：股價在經過前期的蓄勢與突破後，已具備趨勢性，代表明顯的操作機會已開始顯現。但是，從操作角度來看，為了確定更好的交易點位，可以把交易週期放在小分時上，例如：15分鐘或5分鐘走勢。

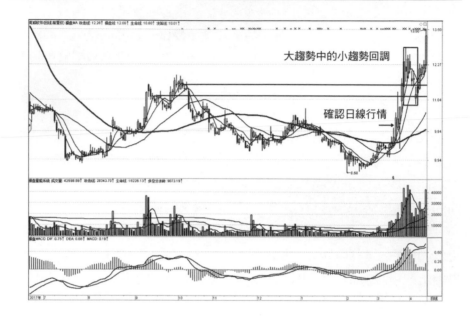

圖表 3-11　南威軟體 2017/6/22 至 2018/4/16 的日 K 線走勢圖

　　圖表3-12是南威軟體在突破後的回檔走勢中，在5分鐘K線圖上的走勢。雖然此時在日線上還是呈現明顯的上升趨勢，但在5分鐘已經走出持續下降走勢。在小週期的調整結構沒有完整前出現橫盤，就是下跌的中繼形態，股價在小週期上沒有築底的形態，難以形成理想的買點。

　　根據圖表3-11與3-12的對比，你對大週期和小週期在同一個時間點的不同走勢，應該有了深刻的認識。這種不同週期趨勢的矛盾是尋找買點的好機會，因為最佳買點就是轉折點，而轉折點對應的趨勢級別，一定是從小週期向大週期逐漸傳遞。

| 圖表 3-12 | 南威軟體 2018/4/2 至 2018/4/10 的 5 分鐘 K 線走勢圖 |

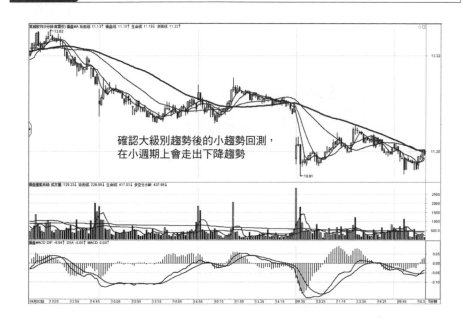

確認大級別趨勢後的小趨勢回測，
在小週期上會走出下降趨勢

投　資　箴　言

　　行情的運行是從小週期向大週期轉化：在趨勢轉折點，小週期趨勢的扭轉能引領大週期趨勢的扭轉；在趨勢運行中，大週期趨勢會制約小週期的趨勢。

3-2

不想高買低賣，要活用 K 線、均線及成交量找對價位

「低點買進、高點賣出」早已成為股票投資的經典名言，但問題在於什麼是高點？什麼是低點？股價的漲跌會導致趨勢級別的變化，所以小級別趨勢的高點可能只是大級別趨勢的低點。大級別趨勢的高位橫盤時，也必然會出現小級別趨勢的低位。高和低不是絕對，而是相對的。

有些人覺得未來上漲了，當下就是低點；未來下跌了，當下就是高點。趨勢的運行處在不斷循環中，如果你以靜態的眼光看待，必然會一葉障目，只有從全域和動態的角度觀察，才能看透股價的運行。

股價在趨勢的不同階段，會呈現不同的形態，從K線、均線、成交量等多個角度綜合分析，才能完整地認識股市。就像認識一個新朋友，不能單從他的服裝和言語中判斷他是怎樣的人，可能需要更深入的接觸後，才會知道他到底是什麼樣的人。股票是人性的真實寫照，每檔股票都是一段人生，其中必然會有起起落落、悲歡離合，但每個人的一生都會有其主升段，哪怕只是一小段。

人生的不同階段需要準備不同的事，大學畢業前是知識的儲備狀態，初入職場還在等待厚積薄發，此時要堅信未來是美好的，耐心等待續足能量的那天，這就是人生低谷，也是主升段啟動的低位。

事物的發展規律存在因果關係，當你有足夠的能量時，就像汽水

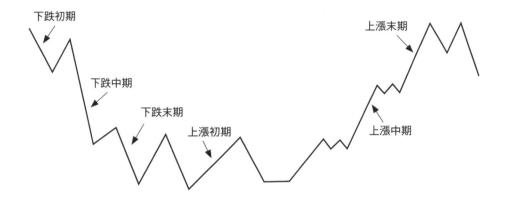

圖表 3-13　股價的各個階段

中的氣泡會自然浮起，進入人生的主升段。真正優質的上市公司在數年內會有起落，但不會改變它的上升趨勢，除非被資金惡意操作。相信每個人追求的人生都是穩健上升，而不是充滿大起大落。

　　分析股價的運行一定是在識別位置的基礎上，說起來簡單，但股市一直在變化，所以如何找對當下的相對位置至關重要。圖表3-13是股價在各個階段的示意圖。

 # 1. 下跌末期

　　從結構來說，某個級別的下跌趨勢在對應的小週期上，至少會走出2次下跌波段，其邏輯和波浪理論的三波結構相似。江氏交易系統將三波結構作為分析趨勢的基礎，這是進一步分析趨勢是否會深度運行的根本。

　　在上升趨勢運行中，第一次的反向波段容易被誤以為是短期調整，因此一旦回檔到位時，會有人再次進場帶動股價反彈，但此時有先見之明的人已經不再積極買進，導致反彈無力。

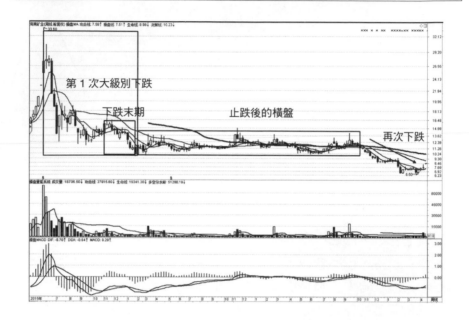

海南礦業 2015/3 至 2018/4 的週 K 線走勢圖

當股價再次轉頭向下時，進入下跌的主跌段，前期還對走勢有幻想的人開始反思，一旦發現股市上漲趨勢的動能不足時，就會引發市場的一致性賣盤，造成明顯的共振下跌走勢。此時是針對原本上升趨勢的反向運行的3個波段，至於是否會出現第3次下跌，要關注第2次下跌末期的動能和第2次的反彈力道。

見圖表3-14，海南礦業（601969）在2015年的牛市上市，借著牛市的強勢上漲。在大盤真正見頂後，開始漫長的下跌趨勢，因為大盤展開的是月線級別的調整，個股一定是對應的級別調整，而且這樣大級別的調整需要一定的時間。第一個下跌波段的運行方式是從起初的暴跌啟動，但下跌動能逐漸減弱，在下跌末期的成交量極度萎縮。

雖然股價不再下跌，但沒有強勢上漲的跡象，因為沒有強勢資金

圖表 3-15	銀之傑 2015/2 至 2018/3 的週 K 線走勢圖

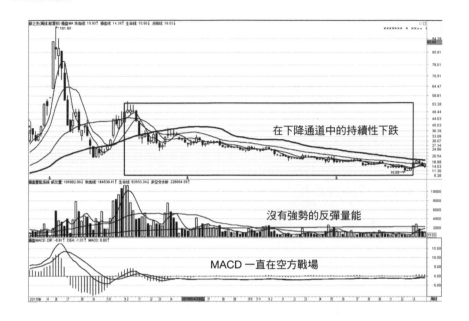

在下降通道中的持續性下跌

沒有強勢的反彈量能

MACD 一直在空方戰場

介入，所以股價透過漫長的橫盤方式，貌似修復60週均線。雖然海南礦業經過足夠長時間的橫盤蓄勢，但沒有選擇強勢向上，而是再次下跌，因為月線級別的下跌結構還沒有完整。

我特別提示一下，在分析持股時，一定要找到當下所在的級別，因為一旦不能有效確定它的趨勢級別，很可能把中繼形態誤認為是階段性築底，導致後期股價選擇的方向天差地別。

見圖表3-15，銀之傑（300085）的下跌末期和海南礦業的下跌末期截然不同，海南礦業是在大級別下降趨勢還沒有完整的情況下，而銀之傑是在第二個下跌波段，也就是大級別調整的C浪中。

從銀之傑的走勢中不難發現，當下還沒有很明確的築底形態，因為股價一直下跌，而且60週均線持續向下，沒有強勢入場資金扭轉週

線上的均線。在成交量和股價處於一致性下跌的過程中，無法扭轉行情，即使股價上漲也是短暫的誘多行情。

判斷股價當下是否強勢還有一個重要標準，就是MACD，只要DIF和DEA還在0軸下，就處於極度弱勢市場。

 ## 2. 築底階段

底部非常值得投資者研究，因為無論什麼級別的底部，只要能夠確認，就一定有操作機會。有人說技術分析的基礎是分析頂底形態，因為它解釋股價運行過程中最核心的問題：中繼形態和頂底是如何轉化？

對於沒有把股市投資當作職業的投資者來說，識別週線級別和日線級別的底部是必然的，因為它們最容易指導交易，而月線的運行週期太長，難以遇到；小級別的底部變化太快，很難把握。

築底的最大作用是實現階段性籌碼轉換。理論上來說，多大的行情級別都需要對應時間的籌碼轉換。從傳統的技術分析角度來看，籌碼轉換是在橫盤區、中樞區、震盪區等，雖然名稱不同，但形態中實現的市場平均成本，從高到低或從低到高的過程是一樣的。

當股市參與者之間存在絕對平等時，理論分析的作用是最強的，不過一旦有強勢資金參與，很有可能在階段性上漲中，甚至在階段性下跌中實現有效換手，這要求我們在實戰中靈活對待。

見圖表3-16，羅牛山（000735）的走勢值得研究，前期下跌波段的執行時間較前期大級別的上漲相比不足，所以只是大級別下跌中的一個波段，也就是下跌的A。

那麼，對於圖中標示的收斂形態，其建構的一個底部形態值得關注，它處在反彈B浪的位置，與前文海南礦業的築底階段所在位置一致，海南礦業最終是以再創新低為結局，那麼羅牛山在向下突破收斂

圖表3-16 | 羅牛山 2015/3 至 2018/4 的週 K 線走勢圖

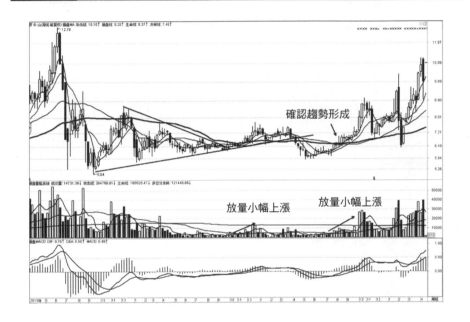

形態的下軌後，要在操作時考量走勢是否會創新低。

　　雖然2檔股票築底的位置相同，但最後一個下跌波段的走勢截然不同，其主要原因是羅牛山在前期下跌的末期開始放量，在調整期間也出現過明顯的小幅上漲跡象。股價運行過程中的細節最值得關注，在重要位置出現的一些跡象，即使很細微，也可能顯示出主力操盤過程中的思維方式，例如：羅牛山在這個位置的放量，一定是有場外資金進場。

　　見下頁圖表3-17，同仁堂（600085）是一種全新的築底模式，前期股價經過不完整的下跌結構後，展開階段性築底。值得關注的是，股價雖然在下跌初期有跌破60週均線，但很快被強勢拉回後，在60週均線上經過長達近2年的寬幅震盪，震盪區間的每個階段性低點都會

終止在60週均線的位置，此時上帝之手發揮托住股價的作用。

60週均線的支撐值得我們關注，它會決定股價中長期的走勢，但不是在60週均線支撐的情況下就會上漲，而是要求股價能夠有效走出高點，不斷創新高之後，才會保證上升趨勢不斷運行。

換句話說，雖然60週均線在較長的時間都能證明支撐的有效性，但在出現放量陽線解放前期諸多套牢盤之前，不能排除股價向下擊穿60週均線的可能。雖然在未來不確定的時間裡，股價依然有向下跌破60週均線的可能，但需要在當下的上升趨勢運行到末期後，出現有效的反轉才會實現。

圖表 3-17 ▶ 同仁堂 2015/9 至 2018/4 的週 K 線走勢圖

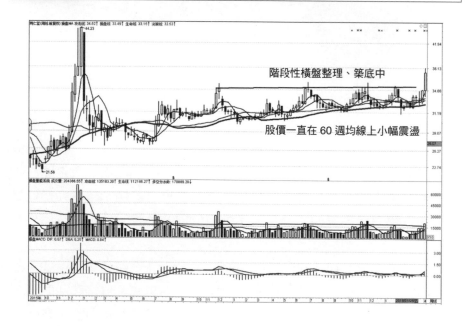

3. 上漲初期

投資者很難分清楚上漲初期和築底階段，尤其是築底末期，這給我們的操作帶來較大的困難。

請回顧你的操作記錄，你的錢是怎麼虧掉的？是在上升趨勢、下降趨勢還是橫盤期間？

上升趨勢是不會套人的，除非你在大級別的上升趨勢中選擇不斷停損。其實下降趨勢也很少讓你虧錢，因為只要你有學過一些技術分析，就會區分上升趨勢和下降趨勢，而下降趨勢的股票則是我們不能操作的。

上漲初期的股票充滿機會，能為投資者帶來足夠的獲利基礎。因為趨勢一旦形成，就會有持續的能力，上升初期是我們尋找天時、地利、人和的標的，但實戰過程中的現狀是：在猶豫中讓上升初期的大黑馬從指尖溜走。

如下頁圖表3-18所示，北方華創（002371）在長期的築底期間走出明顯的收斂形態，有效修復均線系統。在開啟上升趨勢時，沒有出現強勢大陽線，只是以緩慢上漲的方式穩步進行。

不過，此時從成交量的角度，可以發現股價已經呈現出扭轉底部的跡象，唯一的缺點是前期暫時還有套牢盤形成的高點沒有突破。從趨勢的角度分析，此時還沒形成上升趨勢，但是從量價關係的角度分析，已經出現啟動上升趨勢的訊號。脫離底部的第一個波段均視為上升初期，成交量開始溫和放大，股價以連續小陽線的方式沿著5日均線緩慢上揚。

上升初期最大的特點，是股價在悄無聲息中走出一個上升波段。在這個期間，趨勢在沒有誘人的大陽線的情況下悄然形成。單純從趨勢的角度來看，上升初期是我們為了博取後期更大的波段性獲利，而必須犧牲的波段，這是為了保證後期上升波段的基礎。

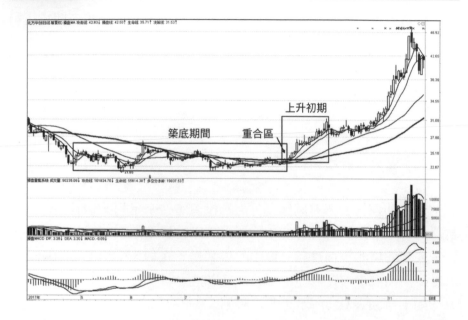

圖表 3-18　北方華創 2017/3/29 至 2017/11/21 的日 K 線走勢圖

　　見圖表3-19，長川科技（300604）的底部與上升初期的重合度更高。首先，長川科技先運行一個小級別的底部，而且在對該底部進行一次有效突破後，進入上升初期。由於前期小級別的底部屬於窄幅震盪，因此對它的突破沒有非常明顯的上升初期波段。也就是說，對大週期趨勢來說，上升初期是小級別底部的主升段。

　　如果你容易把上升初期與築底末期混淆，表示還不太清楚級別的轉化，雖然任何一個波段的級別都是多重的，但其中有一定的規律。在築底階段，可以根據當下不同時間的高點劃分空間，這是辨別後期波段屬於哪個級別、會構成什麼週期的上升趨勢的基礎。

圖表 3-19　長川科技 2017/5/5 至 2017/12/18 的日 K 線走勢圖

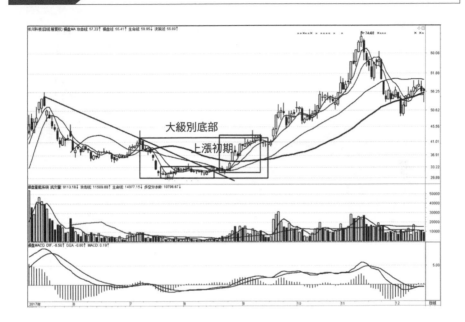

4. 上漲中期

　　這個位置最值得投資者關注和期待，因為它會直接影響投資獲利。透過前面的築底形態可以分辨股票的強弱，也就是上漲中期的運行方式，能夠從股價前期的量價關係中得到訊號，這就是走勢的因果關係。

　　這時候終於不用煎熬與橫盤整理，是不是抓到一檔處於上升趨勢的標的，就能穩賺和大賺？

　　當然不是，因為隨著懂得趨勢分析的投資者越來越多，很多橫盤整理期間的股票無人問津，所以只有在趨勢中運行，或是容易出現大陽線的標的，才容易形成人氣。

| 圖表 3-20 | 中信銀行 2017/6/27 至 2018/2/14 的日 K 線走勢圖 |

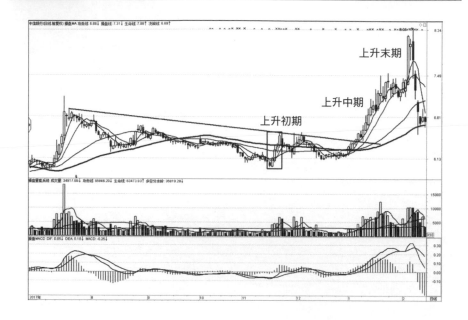

　　因此，上漲中期最理想的情況是有強勢資金吸籌後的主升段，分析時很容易遇到建立部位階段，也會採取拉高吸籌的方式。它們呈現出的走勢方式截然不同，只有在深度分析這種差別之後，才能更好地操作股票。

　　對上漲中期來說，最難的是持股，因為上升趨勢形成後的洗盤是持股的最大難題。分析股價走勢一定要全面，流通盤大小不同的標的會有十分不同的走勢。

　　如圖表3-20所示，中信銀行（60198）在經歷大級別上升趨勢的中繼形態後，再次展開上漲。相對於續優股來說，股價很難天天大陽線，只有穩健、持續的小陽線才是推動上升趨勢的核心力量，因為這樣才能顯示市場參與資金的一致性。大型股不會暴漲也很難暴跌，不

過一旦出現大型股暴漲後的下跌，將會很恐怖。

中信銀行突破收斂的形態線後，進入一個強勢的上升波段，股價在5日均線上持續運行，隨後在出現一次回測10均線後，走出強勢拉升的大陽線。

對於流通盤300多億、流通市值在千億元以上的大型股來說，一根強勢的大陽線必然會影響整個盤面的變化，又是在股市整體做多氛圍不是很強的情況下，就會預示一種風險。無論是上升趨勢還是下降趨勢，都在多空雙方能量的轉換中。

股價的走勢時刻都在變化，當原來穩健的上升節奏被打亂，出現加速的跡象時，就會破壞原本的平衡。如果一種新的模式出來後，無法有持續的能量支持，便很難維持，此時就會進入上升趨勢的末期。

歷史會重演，但不會簡單地重複。雖然每檔股票的上升邏輯都不一樣，最終趨勢終結的方式也是千差萬別，但股市存在規律，這種規律不是不可洩露的天機，只要你足夠用心，股市會向你顯示足夠的訊號，表達後期的走勢。獲取這種資訊的關鍵來自洞察人性。

和仁科技（300550）這一輪上升趨勢在2016年、2017年十分常見，因為股市的大環境一般，很多資金採用的方式是短時間內達到一定的控盤後，就會進行拉升出貨，不會等到實現真正控盤才考慮，因為在股市氛圍不樂觀的情況下，拉升和出貨都比較困難，不適合運作中長期趨勢走勢。

見下頁圖表3-21，和仁科技在前面一個階段性低點出現後緩慢上漲，同時伴隨著成交量的溫和放大，股價單波的上漲帶動短期均線的扭轉，以及對60均線的有效突破。這對於一檔中長期處於下降趨勢的標的來說，是一個非常重要的訊號，因為一旦60均線得到扭轉，說明股價的走勢在中長期發生質的變化。

在建立部位的一波拉升後，股價進入正常的回檔期，60均線從壓力變成支撐。我們一定要買在支撐位，只有支撐位才能讓交易達到

圖表 3-21	和仁科技 2017/11/30 至 2018/4/18 的日 K 線走勢圖

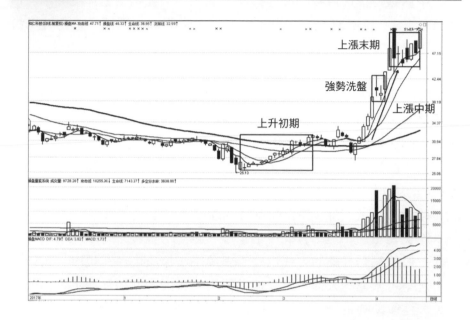

「進可攻、退可守」的狀態，而不至於讓交易變得盲目和不知所措。

　　和中信銀行不同的是，和仁科技在上升空間還沒打開時就出現大陽線，要了解在不同位置出現相同K線也會有截然不同的含義。和仁科技在出現大陽線後，股價和短期均線形成較大的偏離，需要有正常回檔來修正指標過熱。

　　這是在上升趨勢中較常見的強勢洗盤形態，股價在3個交易內回補漲停大陽線後的缺口，同時確認5日均線的強力支撐。大陽線的收盤價也發揮有效支撐，雖然滯漲，但不會改變趨勢的運行，因此一旦股價再創新高，就會形成新的買點。

　　和仁科技上漲末期的走勢，是透過開高走低大陰線的方式完成，當天較大的振幅和快速放大的成交量，說明股市分歧較大，多空雙方

要進行激烈的爭奪，爭奪結束後將決定新方向。在該位置出現開高走低的大陰線，是阻擋股價原趨勢運行的K線。原來上升趨勢的動能被這根K線破壞，它會引導股價進入新的運行模式。

5. 上漲末期

　　股價的運行就像太陽的東升西落，結局經常是從哪裡來就回到哪裡，因為股價的輪動通常是在股市主流資金驅使下完成，完全因為公司基本面卓越而導致市值持續上漲的情況很少。因此，股價在上漲和下跌的循環中，會帶來機會和風險，而我們要做的是從中找到適合操作的機會。

　　對上升趨勢來說，不是時時刻刻都是機會，我們要養成判斷上漲末期的能力，這種能力不是透過簡單的K線形態就能辨識，還要洞察股價的細微變化，及時規避風險。

　　上升趨勢的末期必然會有強勢資金出貨，這是判斷上漲是否接近末期的最重要因素。而且，投資者必須明白，強勢資金一定是在持續上漲中出貨，因為這時候人氣最旺，會有跟風盤進場接盤，一旦具有牽引股價上漲能力的資金不再向上拉升股價，就會快速地形成階段性高點。

　　見圖表3-22，嘉澳環保（603822）的整體走勢與和仁科技如出一轍，都是階段性強勢資金的操作模式，股價從最低點開始逐漸有強勢資金吸籌，只是第一個上升波段未有效站上60均線，而是藉由橫盤整理的方式修復60均線，之後以大陽線的方式展開強勢上揚。

　　在持續性大陽線之後，股價的上升趨勢戛然而止，直接以跳空開低走低的方式向下運行，而且是連續3個跌停板。如果你還在等待高位橫盤後確認出貨，那就大錯特錯了，因為這種非強勢控盤的標的出現最後2根上漲的大陽線，基本上就可以出貨了。

圖表 3-22　　嘉澳環保 2016/12/8 至 2017/5/3 的日 K 線走勢圖

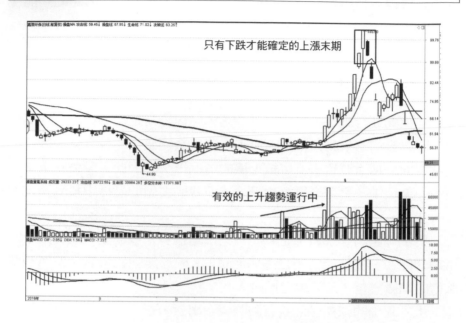

只有下跌才能確定的上漲末期

有效的上升趨勢運行中

　　在《股市立論與財富革命》一書中，詳細講解股票在不同大盤背景下的見頂方式。我還是要和大家強調，我們不是股市引領者，不要奢望找到股市的最高點，而是保持一定的敏感，在出現變盤的訊號時，及時做出準確的決定。

　　前文提到判斷上漲末期有一定的延遲，而且隨著懂得技術分析的人越來越多，誘導或誘騙訊號會越來越多。在出現危險訊號後，要等待確定訊號出現，才能做出準確率更高的決定。

　　長上影線是非常明顯的見頂訊號，因為盤中股價上衝後又被賣盤向下打壓，但在不同位置出現該訊號具有不同含義，例如：在建立部位初期和上升末期，對交易決策的意義截然不同。

　　見圖表3-23，至純科技（603690）是一波更大級別的上升趨勢，

圖表 3-23	至純科技 2017/7/18 至 2017/11/24 的日 K 線走勢圖

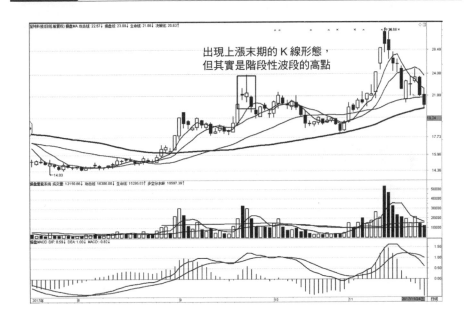

在前一個上漲趨勢的末期，形成階段性見頂訊號後，股價開始橫盤。從籌碼轉換的角度分析，出現上影線是因為上方有賣盤，可能是來自獲利盤的賣壓，也可能是來自前期套牢盤的賣壓，只不過股市出現不健康賣盤必然會阻擋股價正常上漲，所以此時即使不是大頂部，也是階段性高點。

出現圖中標注的長上影線時，股價的上漲空間有限，雖然對股價後期持續性上漲還有很多期待，但無法確定股價的回測時間與深度，直到在小週期上的結構出現完整訊號。

至純科技的調整終止在60均線上，期間遇到成交密集區的短暫壓力後快速向下跌破翻身向上，而且從整個調整區間的內部結構上，可以看出清晰的5浪下跌結構。在傳統的波浪理論中，下跌走勢中的內

部結構有5浪時，說明當下處於下跌的推動走勢中，一旦反向波不夠強勢，就會構成更大級別的下降趨勢。

因此，趨勢轉折點的原理是鎖定主週期後，找到前一個完整波段的構成，確定它是推動型還是調整型，然後和當前的波段對比。如果當前波段較弱，後期演化成更大級別的機率較大；如果當前波段較強，股價進入方向的爭奪區間，則需要等待方向做進一步選擇。

6. 築頭階段

築頭階段和上漲末期的性質一樣，都是為了便於主力出貨，所以它們出現重合的機率非常大。在一般情況下，主力資金參與越多、控盤度越高，則需要出貨的時間越長、頭部形態越明顯、築頭階段持續的時間越長。相對地，主力資金參與越少、控盤度相對較低，則需要的出貨時間越短、頭部形態越簡單，很可能走出單頂或是V型反轉形態。

投資者很難預測最終強勢資金會以什麼樣的形態出貨，所以發現股價有階段性築頭跡象時，就要開始減少部位，確定股市一個波段已接近尾聲時，則要做出及時出場的決定。

圖表3-24顯示，大千生態（603955）前期2次上漲後，股價再次出現滯漲的跡象。在第一次上升波段結束後，股價屬於較強勢的調整，而且遇到60均線支撐後止跌站穩，股價再次強勢上漲，出現多次跳空開高甚至是一字漲停板。

越強的上漲一旦遇到壓力，股價展開調整的機率越大，從第二次調整的深度不難發現，股價被賣盤向下打壓較深，且橫盤的時間開始加長。橫盤結束後股價再次反彈，成交量不足，構成典型的雙頭結構，是一種很常見的頭部形態。

很多關於基本投資技巧的書籍都有介紹雙頭形態，投資者必須明

圖表 3-24　大千生態 2017/7/4 至 2017/12/18 的日 K 線走勢圖

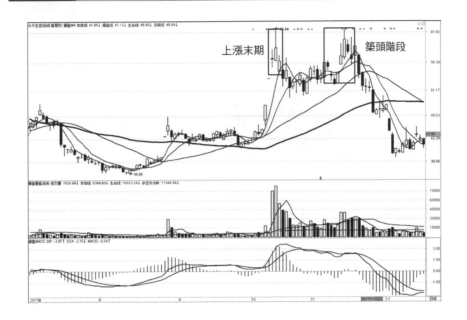

白，在實戰應用時，只有識別出形態運行背後的真實邏輯，才能做出準確的決定。

　　見下頁圖表3-25，家家悅（603708）的走勢和大千生態截然不同，前期的上漲形態不是最強勢的連續大陽線，而是緩慢推升，每一次都是緩慢上漲之後大幅回檔，很難保證趨勢持續運行。

　　在該波段的最高點出現見頂的標誌性K線，之後股價展開階段正寬幅震盪，但在建構過程中，股價在大級別的上升趨勢中已經滯漲。這時不能確定是階段性頭部還是上漲的中繼形態，原來上漲的60均線開始逐漸走平，而且60均線已有失守的跡象，股價調整的空間會加深、時間會延長。

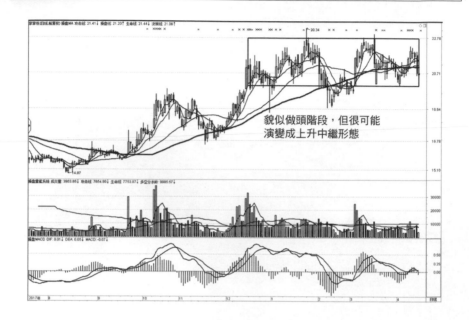

圖表 3-25　家家悅 2017/7/20 至 2018/4/18 的日 K 線走勢圖

貌似做頭階段，但很可能
演變成上升中繼形態

$ 7. 下跌初期

在股價的循環中，下跌初期非常重要，因為這是我們難以辨別且風險最大的位置。在下跌初期，股市中的聰明資金已經展開一段時間的出貨行為。從形態上可以看到，股價從小週期開始破位且走出下降趨勢，股市氛圍正在從看多轉向看空。如果前期來不及賣出，此時一定要開始減少部位或賣出持股，因為趨勢即將逆轉，後期將進入步履維艱的下跌趨勢中。

見圖表3-26，西水股份（600291）在前期強勢上漲後，只是建構一個非常短的頭部後就轉頭向下。2017年股市整體並不樂觀，西水股份是為數不多表現卓越的個股，在上漲末期匯聚股市中大部分的人

圖表 3-26	西水股份 2017/3/27 至 2017/11/17 的日 K 線走勢圖

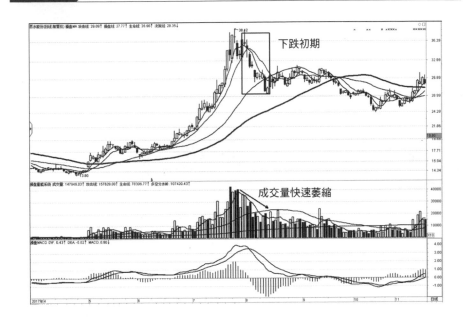

氣，因此在最後的拉升過程中較容易出貨。

　　大盤背景不同，個股的趨勢運行模式也天差地別，唯有站在人性變化的角度分析股價變化，才能有效面對股市的千變萬化。

　　股價的轉折點有很多種方式，暴漲後暴跌也很常見，因為股市在資金推動下不得不被強勢資金綁架，資金的強勢參與帶動人氣後，會形成暴漲，在強勢資金逐漸退去後，人氣快速消散就會變成暴跌。參與強勢股固然是對的，但如果選錯位置，或是在強勢資金撤退時急著接盤，結果就很難說了。

　　因此，前期暴漲過的股票，下跌初期基本上都是以強勢下跌的走勢完成，但強勢下跌只是反向運行的第一個波段，要實現有效的反向運行，在經過一個弱勢反彈後，一定會再次運行一個下跌的波段。儘

圖表 3-27	光迅科技 2017/7/14 至 2018/3/19 的日 K 線走勢圖

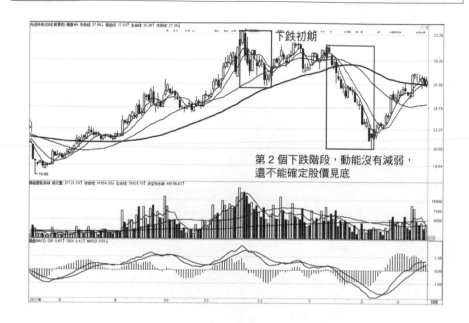

管此時關注到股價出現大幅下跌，也不能誤認為股價有調整到位，或即將見底的可能。

見圖表3-27，光迅科技（002281）的走勢和西水股份截然不同，它是透過震盪上升的方式，完成一個上升趨勢之後，進入緩慢的盤頭形態。上升趨勢的角度不是很陡峭，而構成的K線實體也以弱勢為主。

這是一種弱勢上漲，投資者實戰時經常會遇到這種情況，雖然帳戶有獲利，但是心理備受煎熬。

出現這種走勢時，如果你用短期均線做交易，必然會面對不斷停損和追高的窘境，因為這種趨勢的級別也在潛移默化中發生改變，轉化成更大級別的上升趨勢。儘管強勢的大陽線值得期待，但是它更像

曇花一現的煙火，漂亮卻持續時間不夠長，只適合做短線，如果想創造出更大級別的上升行情，一定是穩健上漲型的。

下跌初期和築頭階段更是難以界定，因為對通道式上升的走勢來說，每次回檔後股價依然有再創新高的可能。也就是說，只有在反彈無力、不再創新高後，才能確認股價進入調整或下跌的狀態中，前期的反向波段才能作為下跌初期的第一個下降波段。

股價開始進入盤整期間，也可以理解為下降趨勢中的反彈或反轉，一旦股價開始轉頭向下，跌破整理的中繼形態下軌，就會進入下跌的主跌浪。

8. 下跌中期

其實股價在下降趨勢中最好識別，但仍然會股民在這個位置盲目抄底，以至於虧損不斷放大。下跌中期說明股價當前還在某個級別的主跌浪中，沒有止跌的跡象，後續遙遙無期，短時間內很難出現確認性底部。

本書一直強調，判斷趨勢轉變簡單又實用的方法是60均線。只要股價還沒站穩60均線，就意味著短期內不會形成上升趨勢，所以一旦股價在60均線下弱勢橫盤，很難會扭轉走勢，除非出現大陽線。

見下頁圖表3-28，三五互聯（300051）運行在大級別的下降趨勢中，前期雖然曾出現短暫反彈，但沒有強勢的資金來扭轉整體走勢，之後股價依然在60均線下運行，每次都是以橫盤的方式，遇到30均線的壓力後向下跳水，屬於典型的誘多行情。這是投資者在交易中必須回避的走勢，請務必牢記。

在2016年、2017年及2018年上半年的走勢中，尤其是中小企業的股票，大部分都在中長期的下降趨勢中運行，代表很多運行都是短時間的反彈行情，很難引領股價走出中長期的上升趨勢，導致股民叫

三五互聯 2016/9/21 至 2017/8/10 的日 K 線走勢圖

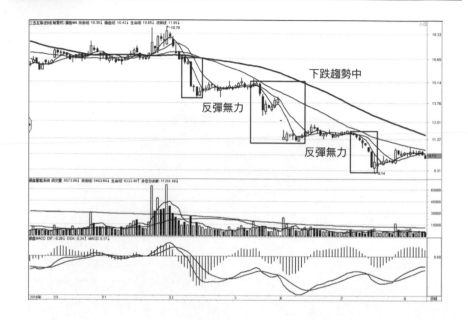

　　苦連天。對於在大環境處於嚴寒期，仍熱衷交易的股民來說，帳戶的持續性縮水更是讓原本疲軟的走勢雪上加霜。

　　見圖表3-29，中富通（300560）的走勢值得關注，因為股價雖然從60均線下開始起漲，但只是一波較弱的反彈行情，股價的上漲最終在60均線受到壓力，雖然只是反彈行情，但為股市帶來較活躍的人氣，成交量呈現明顯放大的跡象。

　　我一直強調，選股一定要有強勢資金的參與和關注。我們是順勢者，必須緊跟造勢者的腳步才能突破，但是中富通的走勢和我們的預期出現較大的偏差，階段性低點出現明顯的放量痕跡後，說明股價有止跌的跡象，後期很難再創新低，但現實是股價受阻於60均線後持續下跌且創下新低。

圖表 3-29	中富通 2017/6/22 至 2018/4/23 的日 K 線走勢圖

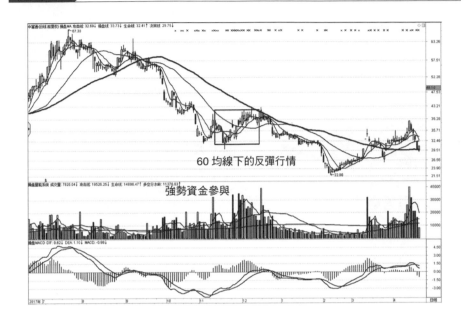

在股市中謀生存不是隻言片語就能說清楚，因為股市不存在穩贏的聖經，只有多方面的資訊，所以投資者需要篩選資訊，並處理相對準確的投資結論。我們只能從上升趨勢中賺錢，即使多方面的資訊都指出股價可能出現低點，這時依然需要耐心等待，因為真正的大機會是在趨勢的形成和確認之後。

投 資 箴 言

　　股價的位置就是交易的風向標，不同位置具有截然不同的操作模式。只有清楚識別位置，才會找到合適的操作點位。

本章小結

　　第3-1節：月線、週線、日線、60分鐘、15分鐘和5分鐘的行情機
會，在實戰操作中一定會用到。本節透過均線的輔助作用，定量劃分
趨勢的級別，因為只有這樣做才能為實戰交易提供參考，否則只能作
為一種思維方式。

　　第3-2節：趨勢一定是在上漲與下跌的循環中輪迴，所以判斷股
價當下的相對位置，是指導交易的前提條件。

 思考題

　　1. 不同級別行情機會的定量劃分標準是什麼？
　　2. 股價處於不同位置時的操作策略相同嗎？怎麼做出調整？

NOTE

/ / /

第 4 章

讓勝率提高 100%，
建立有邏輯的交易模型

理性交易有 3 個步驟： 辨別機會、尋找訊號……

買賣股票是一個理性的決策過程，投資者必須邏輯清晰地處理各方面的資訊，做出成功率較高的買賣決定。專職投資人無論平日生活多麼隨性，一旦涉及交易就不能馬虎，無論運用的資金是否是自己的，都要對帳戶負責。以下詳細介紹理性交易的3個步驟。

 ## 1. 確定機會大小

為什麼我的股票漲了10％就轉頭向下？為什麼老師的股票翻了一倍還能強勢上漲？做交易要明白自己當下的狀態，充分認識自己，了解股市當下的趨勢級別與趨勢執行時間，才能充分認識股市，指導接下來的交易。也就是說，在一次交易之前，我們要做的分析是：股價後期的上漲空間有多大？運行時間有多久？

在操作之前，先對股市做出研判，例如：當前會產生什麼樣的行情？是上漲不足1個月的反彈行情？還是持續上漲幾個月的大牛市？不同機會下的操作策略十分不同。

股民都曾遇到這樣的問題：別人說這檔股票好就買進，一下子漲20％，怕利潤回吐便趕快出場走人，結果這只是大牛股的啟動初期，後期還有50％利潤空間。有時候做短線，結果第二天直接開低，虧損

5％後要等反彈再出，結果第三天再次開低虧損10％。此時心想：我要堅決不能賣，因為我一賣出就會有反彈，之前吃過很多次這樣的虧，再等等看好了。第四天果然皇天不負苦心人，開高2％，你想等向上再衝一波就走，結果反而直接轉頭向下，虧損到13％。最終不能停損，只好堅決持股等待解套。

投資者很難準確做到分析並確定機會的大小，因此用「準確」這個標準來衡量，會讓我們進入交易誤區：盲目追求高點和低點，殊不知任何對完美的嚮往，都會讓我們誤入無法回頭的深淵。所以，預測不等於妄斷，一旦發現前期的判斷出現問題，就要及時調整。

見圖表4-1，在洪匯新材（002802）的走勢中，開始有一次股價向上運行的預判，因為前期的強勢上漲，無論是從動能角度，還是波

| 圖表 4-1 | 洪匯新材 2017/4/19 至 2017/12/6 的日 K 線走勢圖 |

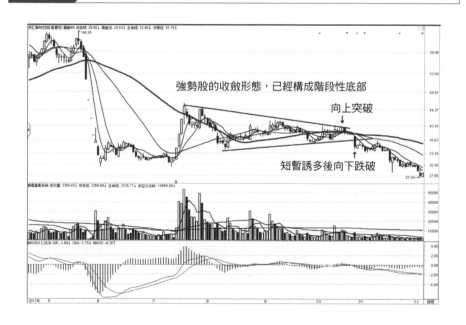

浪理論角度來看，股價都有一次創新高的可能。

再加上3個月的強勢整理期間，出現非常明顯的收斂形態，這是一個值得關注的形態，因為強勢資金在該形態中可以充分換手，為股價後期的趨勢運行做好鋪墊。在整理的過程中，60均線被逐漸修復，從下跌到走平再到向上，所有資訊都顯示股價向上運行的機率大，因此股價有向上運行一個15分鐘或60分鐘級別趨勢行情的可能。

不過，股價以一根非常弱的小陽線向上假突破後轉身向下，60均線沒有發揮有效的支撐作用，反而是以強勢陰線的方式快速向下跌破。在做出預判後，不是毫無理由地堅持前期的判斷，而是當股市出現非預期訊號時，能夠及時調整，有時候不得不認賠出場。

見圖表4-2，佩蒂股份（300673）完成一個上升波段後進入調整期，該調整結構跌破60均線，股價的持續震盪每次都受阻於60均線。雖然前期低點的支撐被測試過，也證明有效，但在第二次測試時，股價果斷向下跌破，顯示出將要下跌的跡象。

然而，在股市氛圍極度悲觀的情況下，股價逆勢反彈，完成上升波段，此時股價的寬幅震盪讓股市的多空氛圍迷茫，因此成交量沒有明顯放大的跡象。股價再次回檔，回到前期被確認過、也被跌破過的低點位置轉頭向上，此時趨勢的級別和上漲空間，與前一波的破底反漲行情截然不同。

在判斷該行情級別的過程中，最大的干擾來自破底，因為股價跌破前低點是趨勢交易者最大的忌諱。「縮小圖形看趨勢，放大圖形看量價」，對一個趨勢交易者來說，必須學會從更長的時間上看待趨勢的運行，才能避免一葉障目。

從更大的趨勢來看時，可以發現這是一次調整過程中的誘空行情。破底反漲的誘空不是一般主力能做到的，一定是有較強的資金實力，所以在明白這些訊號後，股價後期的走勢非常值得關注。

<table>
<tr><td>圖表 4-2</td><td>佩蒂股份 2017/8/7 至 2018/5/22 的日 K 線走勢圖</td></tr>
</table>

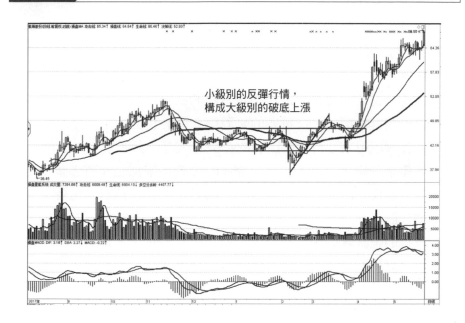

小級別的反彈行情，
構成大級別的破底上漲

2. 尋找交易訊號

　　每一次交易都是一次系統決策的過程，這要求我們理性、客觀對待整個過程和做出的結論。所以，能夠形成一套有系統的投資邏輯體系，是保證交易勝率的前提條件，我們一方面需要透過卓越的投資哲學來武裝自己，另一方面要在經驗豐富的老師帶領下，深度接觸與認知股市，進而從中獲利。

　　在識別行情機會之後，要進一步確定交易訊號，選股不等於買進，要盡量讓你的買進行為慢一點，這是職業操盤手提高操作準確率的前提條件。

　　隨著我們對趨勢、K線、均線、成交量等技術，以及基本面變化

的眾多要素，有深度理解之後，會逐漸構成自己的交易模型，讓我們的買進訊號更準確。

分析股價走勢，就像拿著放大鏡觀察行情的結構。投資者可以仔細觀看更小週期的結構，判斷當前股價走勢的狀態和位置，是否具有操作機會。

技術分析的核心在於遵循道氏理論的三重運動，從基本運動、次級運動再到日常運動，最重要的是對經典的分析方式進行定量分析，就能更有效地用來分析股市該有的特徵。

無論是華爾街還是陸家嘴，經典的投資哲學都是投資者要學習和掌握的。道氏理論歷經百年不衰，一個理論的存在都有其道理，只是我們沒有很好地理解和認識它的精華。

傳統的道氏理論研究的股價走勢週期比較長，很難滿足現今投資者想快速實現短期獲利的需求。因此，在道氏理論的基礎上更深度解讀行情，是現今投資者想追求的，而且隨著科技越來越發達，是可以實現的。

見圖表4-3，世榮兆業（002016）前期經過長時間的底部橫盤，是一個橫盤整理的基本運動。在道氏理論中，基本運動至少是一年以上，但我們分析時會強調道氏理論的三重運動是相對的，只要能夠識別三種運動，就會出現基本運動、次級運動和日常運動的關係，有時候我們會用大週期、主週期和小週期，來詮釋股價在不同級別行情中的走勢。

股價在突破底部橫盤整理後進入上升趨勢時，可以預期這是一個基本運動級別上的橫盤趨勢，時間或空間和前期的底部橫盤是對應的，但該基本運動的運行過程中，必然會由多個次級運動構成，而每個次級運動又會由多個日常運動構成。

在任何一個級別的上升趨勢中，都會出現多個交易訊號，但不是每個交易訊號都要參與。什麼樣的上漲邏輯，需要什麼樣的性格和心

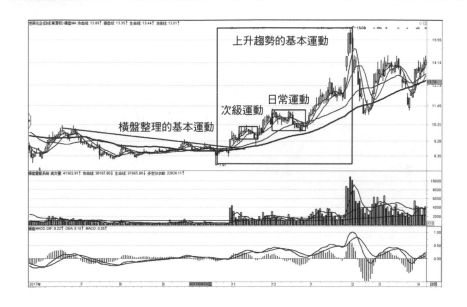

圖表 4-3　世榮兆業 2017/5/22 至 2018/4/10 的日 K 線走勢圖

態的人來參與，當你充分認識股市與自己，就會知道什麼是你該參與或不該參與的。

　　如下頁圖表4-4所示，新光藥業（300519）的訊號1是一個小級別的向上突破，如果你打算參與，就要明白股價上方壓力重重，必須快進快出。

　　訊號2的級別和訊號1相同，只是5分鐘或最多15分鐘的趨勢行情。訊號3值得關注，股價突破前高後回檔，是確定性最強的買點，也就是最後一個小級別趨勢的衝頂行情，結果不言而喻。

　　訊號4因為是漲停板，基本可以確定調整到位，問題在於後期股價以什麼樣的方式上漲。訊號5再次突破前高，此時是以漲停板的形式突破，多方動能強勢，後市可期。

| 圖表 4-4 | 新光藥業 2017/12/12 至 2018/5/22 的日 K 線走勢圖 |

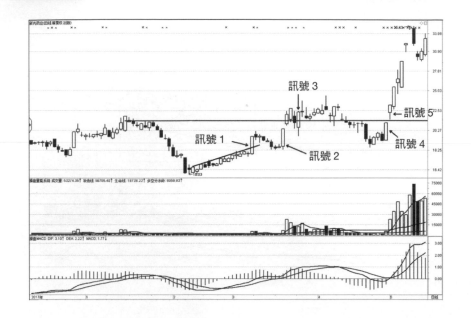

3. 確立交易模型

　　只有確立自己的交易模型，才是實現穩健獲利的基礎。任何一位投資大師都不會是哪個股票漲了就操作哪個，而是多花時間等待熟悉的交易模型出現。因為只有這樣，才能保證自己有足夠的操控能力進行交易。

　　究竟交易模型是什麼？誰的交易模型最好？這是很多投資者遇到的問題，但請大家記住，每個人的交易模型都不一樣，而且沒有好壞之分，只有準確率是否較高。

　　比方說，偏好基本面投資的人，其交易模型是分析公司的商業模式，這個月買進後虧損30％，但他只有30％部位，於是做出果斷增加

部位的決定。在接下來一年裡，股價上漲100％。還有一群人，他們的交易模型是多週期共振理論，每次嚴格進場時的停利停損比例必須滿足3：1。

以上兩者的交易模型各有千秋，而你的交易模型好壞與否，只有自己知道，所以找到最適合自己的才是最好的。

除了從專業的角度來解決模型條件的問題，還要從自身的角度來解決執行力的問題。有人說這關乎心態，但你有沒有想過影響心態的因素有哪些？當然這是在交易模型固定之後要解決的問題，一方面是需要對交易模型進行演練，以保證自己對模型的要素考慮周到，另一方面是資金管理的問題，在實驗階段使用的資金比例最好是10％。因為太多的話風險大，太小的話沒有實戰的感覺。

確立交易模型後，大家要懂得放棄，在無法滿足交易模型的情況下不要操作。最常見的錯誤是在自己交易模型最好的進場點時，你沒有買進，股市驗證你的模型是正確時，你還未持股，此時你感覺被放馬後炮，因此盲目地追高買進，結果進場後出現小週期的背離點，你只能在高點上套牢。

如下頁圖表4-5所示，同洲電子（002052）前期的資金進場跡象，提供我們明顯的選股訊號，但不是所有選中的股票都可以買進。股市每天會提供許多有強勢資金參與的股票，這時候我們只能參與在各方面都滿足自己交易模型的股票。在確認同洲電子有資金進場後，我們不能確定股價會以打壓的方式進行一次向下洗盤，還是直接向上加速上漲。

根據我們的經驗，股價從60均線下上漲後的回檔機率大，所以不能盲目進場，即使是底部也要找到充分的理由，證明股價有向上運行的機率才值得參與，否則需要等待。

股價在經過強勢回檔或兩次明顯的洗盤後開始站穩，在出現持續性買點的位置有值得參與的短線買點。不過，看中長期走勢的投資者

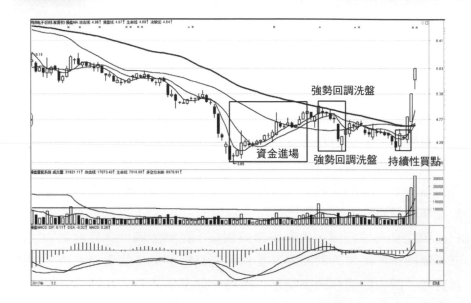

| 圖表 4-5 | 同洲電子 2017/11/24 至 2018/4/24 的日 K 線走勢圖 |

可能在3.85元附近就開始買進，過程中出現的洗盤完全是在他可承受的回檔範圍內，也有投資者的買點就是主升段的啟動點，直到陽包陰的K線出現後才會進場，還有人要等第一個漲停板出現後，第二天開盤時追進……。

上述每個人的買點都不一樣，但全都是賺錢的。買點的好壞不是看誰獲利多，而是期間帶來的風險和機會是你本身能夠承受的。換句話說，投資真正的風險不在於上市公司和股價的運行，而在於投資者自己，你能夠承受多大的風險，將決定你會面臨多大的風險。

股市經常發出股價站穩或見底的訊號，但不是所有訊號都是我們要參與的訊號。股市出現的交易訊號遠多於我們要交易的訊號，識別股市訊號是我們要做的第一步，了解自己的交易訊號是第二步，而這一步是確立交易模型的關鍵，此時我們必須學會放棄那些上漲機率較

圖表 4-6　昊志機電 2017/12/13 至 2018/5/22 的日 K 線走勢圖

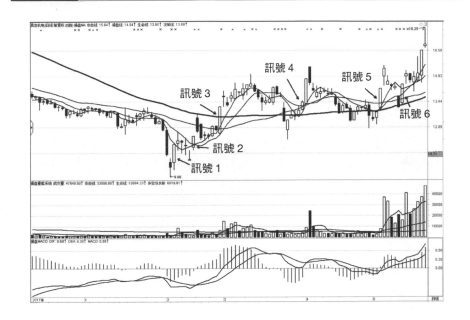

低的訊號。

　　見圖表4-6，昊志機電（300503）走勢中的訊號1是超跌後的止跌訊號，此時底部還沒確認，需要場外資金持續進場後才可以確認。股價會漲，依然會有交易機會，只不過級別有限。

　　訊號2是止跌後確認過最低點的起漲訊號，由於此時築底時間只有6天，所以只能看作是股價自然波動形成的底部，沒有趨勢行情。

　　訊號3是值得關注的突破，也正是訊號3的突破，讓行情的級別再次變大，但是和前期的下跌相比，當下依然只是一個超跌後的反彈，而且隨著上升空間的拉開，股價可能隨時見頂。

　　訊號4是形成第二個底部後，得到強勢支撐後的上漲，但是第二個底部出現時的築底時間不到2個月。

訊號5是形成第三個底部後，得到強勢支撐後的上漲，築底時間長達3個月。

訊號6是形成第四個底部後得到強勢支撐後的上漲，此時築底時間已滿足一個更大級別波段的需求，60均線的支撐有效，而且股價在橫盤期間經過數次有效洗盤，後市可期。

不同週期的關係是股價運行的自然屬性。大週期對小週期的制約關係、小週期對大週期的牽引關係，為看似無章可循的股價走勢找到規律。

4-2

看清股價漲跌規律的週期，才能確實把握買賣點

　　纏中說禪講述多週期看盤的重要性，但在實際分析過程中，更多的還是在分析日線上，因為單週期的分析一樣會得出多週期的資訊。初學者一定要了解週期之間的關係，這是股價運行作為一門獨立學科具備的屬性，如果不夠了解這種屬性，便難以深度認識股價運行的構成和機會。

　　想要分析不同的行情機會，要用不同時間週期的K線走勢圖，唯有用不同的時間週期來分析不同的行情，才能看清行情的性質與運行的狀態、時間、空間，並且掌握交易模型的買賣點位。我根據道氏理論的三重運動關係，強調以下3個週期的看盤方法。

（1）大週期

　　主要用途是判斷方向，確認是否具備滿足波段行情的條件，股價處於什麼位置？確定股價的上漲幅度、相對目標價位及重要壓力位、支撐位，進而判斷該週期是否具有產生某一級別行情的基本要素。

　　切記，大週期不會產生交易訊號，它的作用就是看趨勢、看位置、看空間、看壓力與支撐。

（２）主週期

在大週期確定趨勢性質的前提下，研判股價現階段處於什麼位置，深度分析主週期在大週期的位置，明確股價當下處於趨勢的哪個階段，是形成的初期、運行的中期還是終結的末期？

如果還是處於初期或中期，便會引發交易訊號，但如果是末期，就暫時不會出現，雖然股價還會上漲，不過已經不是我們追求的交易機會。

（３）小週期

在主週期發出交易訊號後，用更小的週期再次深度剖析主週期。只有保證當下的行情在小週期上也處於趨勢初期或中期，才能形成好的下單點位。如果在小週期上處於趨勢末期，也不會形成好的下單點位，股市回饋給我們的資訊是繼續耐心等待。

切記，一定要在主週期發出交易訊號後，才可以在小週期找到交易點位。

3個週期看盤的原理是從大到小、從宏觀到微觀的分析邏輯，只有在保證大方向沒有問題的情況下，研究細枝末節才有價值。若在大方向出現問題時，細枝末節不能給你帶來獲利。

因此，無論當下的行情處於什麼階段，都不能只透過大週期做出是否交易的結論，一定要在觀察主週期之後，才能判斷是否存在好的交易機會。

週期之間的對應關係

　　月 > 週 > 日 > 60分鐘（30分鐘）> 15 分鐘 > 5分鐘 > 1分鐘

　　前一個週期的1個上漲波段，是由後一個週期的2個或2個以上的上漲波段、1個或1個以上的調整波段組成。前一個週期的1個下跌波段，是由後一個週期的2個或2個以上的下跌波段、1個或1個以上的反彈波段組成。

　　這個公式只是理論層面，是一個引導投資者操盤的思維，而主力操盤的思維和要素也都圍繞著這個公式展開，只是在橫盤整理期間，維持原趨勢運行的波段數量和改變原趨勢運行的波段數量，在奇偶數上會有所差別。

　　我將詳細分析下頁圖表4-7中，視覺中國（000681）走勢圖中的大週期、主週期和小週期的構成。雖然在理論上會持續強調3個週期看盤，但隨著臨盤分析能力的提升，只看2個週期甚至1個週期也可以高效操作，因為了解股價運行的原理，就不會拘泥於形態上以什麼樣的方式進行。

　　首先，前期已修復完下降趨勢，60均線轉頭向上，股價上升趨勢的運行穩健而有節奏感，說明資金的參與程度較高。但股價沒有走出非常強勢的直線上漲，而是在修復60均線之後開始橫盤震盪，震盪的空間有限，彰顯背後的強勢資金，希望股價能在自己的控制下穩健運行，也展現主力資金志存高遠的胸懷。

　　「橫有多長、豎有多高」是股市中的諺語，它具有重大的指導意義，只有經過長時間低位充分換手的股票，才能走出強勢上升的行情，因此在日線上的橫盤後，必然會出現日線的上升趨勢，而日線就是對應的大週期。

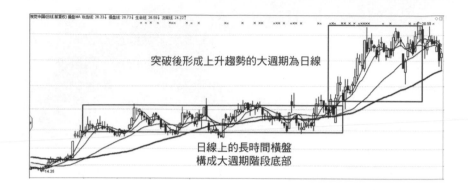

圖表 4-7	視覺中國 2017/8/7 至 2018/4/18 的日 K 線走勢圖

在行情的演變過程中，一定是從小週期向大週期轉化，然後大週期制約小週期，這是事物發展的規律，更是股價漲跌變化的原理。

圖表4-8是剛才提到上升趨勢在60分鐘上的走勢，最直觀的解釋就是把大週期上的走勢，在小週期上進行更深入地分析，也就是把一根日K線拆解成4根60分鐘K線後，深入分析股價運行的結構。

在分析60分鐘的上升趨勢過程中，充分結合纏中說禪的中樞理論，因為中樞理論是技術分析非常核心的分析模式，它不僅支撐其他趨勢的延續和轉化，還在和籌碼轉化相結合後，從更全域的角度支撐股價的走勢。

首先，從K線形態可以發現，股價的上漲不是很順暢，如果你對大級別趨勢沒有深入理解，而是關注小週期漲跌，那麼你對於視覺中國這個波段的持股會覺得煎熬，因為它在跟蹌中實現上漲，在這個過程中只要自己不夠堅定，很可能被它帶錯方向。

在視覺中國的60分鐘走勢圖上，標示兩個大中樞和兩個小中樞，在上升趨勢運行的過程中，中樞的重心不斷抬高，且滿足在大中樞結構不完整的情況下，小中樞不扭轉趨勢方向的原理。最簡單的方式是

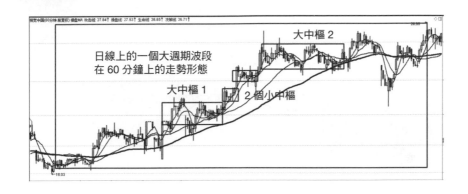

圖表 4-8　視覺中國 2018/1/12 至 2018/4/3 的 60 分鐘 K 線圖

60分鐘的60均線持續向上，在股價沒有出現有效跌破30均線之前，趨勢不會被扭轉。

在纏中說禪的黃金買點出現的位置，也就是圖表4-8中第一個大中樞形成前的突破位置。其實在圖中標注之前，是一個更大級別的中樞，在突破該更大級別的中樞後，股價繼續向上，去尋找在更大級別中樞上的大中樞，而股價在趨勢方向上的傳遞過程，就是交易機會顯現的過程。

對於股價在兩個不同級別中樞的突破點，更精確的走勢可以看到15分鐘，見下頁圖表4-9。在出現該突破點之前，視覺中國曾經出現大陽線，也就是標誌性K線，而且當天大部分時間是封在漲停板上。之後股價快速回檔，以漲停板的價格實現強勢突破，這是非常好的買點，但在突破的波段中可以清楚看到股價的上漲動能開始減弱。在小週期的走勢上，股價後期再創新高的機率不大。

從漲停板當天到最近的高點，在15分鐘的走勢上可以清晰地看出5浪結構，又是一檔不強勢的股票，所以回檔是必然，且幅度可能較大。我們在實戰分析時要緊盯盤面變化，及時預判後期走勢，還要跟

視覺中國 2018/1/31 至 2018/2/23 的 15 分鐘 K 線走勢圖

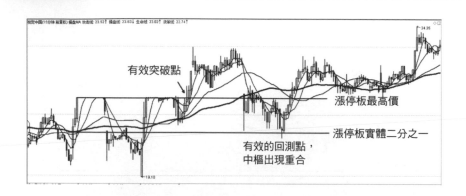

隨盤面及時修正前期計畫。

從走勢上來看，股價的回檔較深，而且回到上一個中樞形態中，股價的趨勢性被阻擋。投資者一定要牢記，在大級別的趨勢運行中，小級別的走勢會服從大級別的趨勢。所以在大週期上，趨勢結構沒有完整的情況下，小週期的調整不會改變大趨勢的方向。

此時，要關注調整的支撐位，因為大陽線的開盤價和收盤價、實體的中間價是重要支撐，而該回檔直接跌破大陽線收盤價的支撐，所以二分之一位置的支撐變得格外重要，股價一旦走到這個位置便開始止跌，在小週期上容易形成階段性底部，之後轉頭向上。

在確定大週期、主週期、小週期時，最重要的是保證更大一個週期的一波走勢，在更小一個週期上能夠看清其結構。

一般情況下，兩個週期之間相差4~5倍就能保證在小週期上看清走勢結構，如果相差的倍數更多，之間的雜波容易造成干擾；如果相差的倍數太少，仍然沒辦法看清準確的結構。舉例來說，日線上的一波行情在60分鐘可以清楚看出波段走勢，如果用15分鐘，該波段的K線數會明顯增多，就很難辨別出不同級別的波浪。

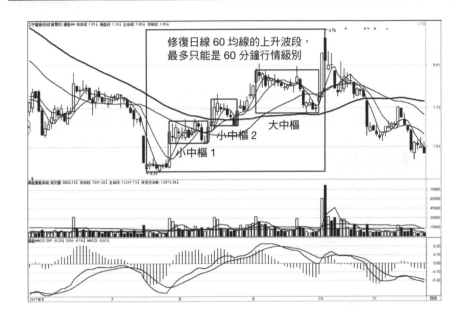

| 圖表 4-10 | 衛寧健康 2017/5/24 至 2017/11/23 的日 K 線走勢圖 |

對於中長期趨勢行情來說，主週期為週線，如果小週期是60分鐘，週期之間相差20倍，一般情況下會有很多雜訊，週線行情在日K線上可以看清楚其內部結構的走勢，為何要用60分鐘的走勢作為它的小週期？主要原因是在日線上找的進場點，很可能導致操作的點位不夠精準，造成10％甚至更多的誤差。

我將針對衛寧健康（300253）的一波行情（見圖表4-10），再次深度解析行情級別的劃分，以及波浪理論、纏中說禪的應用。

首先，這個波段行情啟動時，60日均線還在持續向下，也就是股價還在空方市場中，上升趨勢的產生需要原來下降趨勢被止跌後，進行階段性橫盤，為多方蓄積能量後才可能扭轉。因此，股價從60均線之下到60均線之上的這波行情，將決定股市的多空氛圍會不會發生變

化，它的構成與強弱值得研究。

空轉多這個波段是3波還是5波，對於行情的扭轉意義重大，從該波段的中樞級別可以看出，期間出現兩個小級別的中樞和一個大級別的中樞，也就是該波段是由3波段構成，並不是最強勢能夠走出5個細分波段的扭轉行情。

整個上升趨勢為60分鐘級別的行情，期間是由4個5分鐘級別的上升趨勢，2個5分鐘級別的調整，和一個15分鐘級別的調整構成。

投資箴言

行情的運行是從小週期向大週期轉化：在趨勢的轉折點，小週期趨勢的扭轉能引領大週期趨勢的扭轉；在趨勢運行中，大週期趨勢會制約小週期的趨勢。

4-3

用 5 個要素搭建交易模型，如何發展更強的進階版本？

　　交易模型不是一朝一夕就能建構完成，需要我們在反覆總結和實戰中逐漸錘鍊。有的人把這個過程比作鳳凰浴火重生後的涅槃。

　　這是成為職業操盤手的必經之路，切忌成為伸手牌。我們可以聽別人的思維方式和方法，不過自己的交易模型是對股市有充分的累積和沉澱後才會形成，別人的交易模型只能當作參考和借鑑。

　　因此，你可以運用本節介紹的5個要素，建構自己的模型。

1. 清晰簡單

　　在基礎階段會學習很多知識，例如：K線、均線、盤面、量能、形態等，總是有應接不暇的感覺，直到你可以有條不紊地講述每個知識的方向時，會有一種「守得雲開見月明」的感覺。此時，你會發現股價運行的邏輯與趨勢如此簡單、分明。只有透徹理解各種知識時，才具備建構一套交易模型的基礎。

　　隨著你不斷完善基礎，你的交易模型不再瞻前顧後、丟三落四，因為所有知識都是相通、一脈相承的。起初，你面對自己的交易模型有種呼之欲出的感覺，因為有好多重點說不完。但隨著交易模型不斷穩定，當你談及它時，漸漸覺得沒什麼好說的，因為太簡單了，說出

來別人也不相信。如果你的交易模型複雜到連自己都說不清楚，就更需要潛心閱讀本書。

2. 跟隨市場

完成前期基礎階段的準備後，要開始從理論轉向實戰。理論是靜態的，但股市是動態的，如果你的交易模型不能有效應對股市變化，它的實戰意義會變得短暫且微乎其微。畢竟最大級別的牛熊循環都不會簡單重複，更何況是每天都會千變萬化的日常運動。股市的微秒之處全在一個「變」字。

我們無法追求交易模型完美，因為本來就不存在完美的交易模型，哪怕是匆忙進場，也不能盲目評判這是錯誤的買點，只要交易模型能夠跟隨股市的變化，並且做到回避風險、追求獲利，就可以保證這是正確且能夠獲利的交易。

3. 相互適應

一個波段上漲50％，有的人賺滿整個波段，持股2個月賺進50％，有的人只持股兩天，就賺了兩根大陽線，最終獲利11％。不能隨意評判這兩位投資者的交易模型，因為每個人偏好的交易方式不同，只要能讓自己的結構跟隨股市的變化，進而實現獲利就是有效的模型。

任何投資者建構的交易模型，都要保證與自身的信念相互適應。短線客和價值投資者都沒錯，但如果你想透過短線獲利，快速疊加獲得複利，就不能把基本面的要素作為選股的首要條件。如果你想賺取大波段的獲利，就不能在乎短線的波動。

股市中的資訊太多，很多初學者進場後很難識別真正滿足自己信

念的要素，因此建構自己的交易模型是一個過程，不是一蹴可及。

4. 不落後

建構交易模型採用的工具十分重要，這是保證訊號是否及時的重要條件。有的訊號落後是因為模型不夠完善，這是基礎知識不夠紮實導致。

30日均線和60日均線的黃金交叉是一種訊號，對底部構成雙突破也是，通常雙突破會晚於30均線、60均線的黃金交叉，但藉由它們的黃金交叉，提前判斷能否產生更大級別的交易訊號，是決定交易模型是否優秀的先決條件。

還有很多訊號落後是因為模型問題所造成。行情的延遲性、軟體不敏感等，也是造成訊號落後的主要原因，所以對專業的交易員來說，完善的硬體系統也是保證交易訊號及時有效的必備條件。

5. 準確衡量

任何一個交易模型的成功率都不會是100%，即使是股神也做不到，所以投資不以一次成敗論英雄。建構交易模型是為了實現長期的多次交易，只要獲利的機率大於虧損，且每次的獲利空間大於虧損空間，長期必定會賺錢。

評價交易模型是否準確也是如此，這對建構交易模型的人來說是一個挑戰，即使他的交易模型已經很不錯了。當小機率的虧損事件發生時，別人和自己的質疑容易讓我們調整交易模型，殊不知這麼做是畫蛇添足。

交易模型是否優秀不是由別人評價，而是要求建構者有足夠強大的心理，應對別人的質疑，然後堅定執行，用獲利堵住悠悠之口。

你的交易模型由你自己打造，別人只是給你方法，無法提供整個成熟的系統，因為只有最符合自身的思維邏輯和內在信念，才是最適合的，就像永遠無法要求價值投資的人在短線中獲利。

 ## 交易模型的建立與進化

每個人的交易模型都需要時間和各方面的累積，隨著專業知識的拓展與對股市認識的加深，我們的交易模型更接近股市真相，但這是一個類似於無窮接近真理又永遠無法到達的過程。因此，我們要學會接受不完美，克制貪婪和恐懼。

（1）交易模型 1.0 版本

> **進場條件**
>
>   1. 5日均線和10日均線在生命線上方黃金交叉，買進30％部位。
>
>   2. 回檔到30日均線得到支撐加碼30％。
>
> **出場條件**
>
>   1. 獲利10％賣出一半。
>
>   2. 15分鐘上走出下降趨勢出場。

雖然以上的交易模型看似簡單，但如此清晰的標準表示我們的交易正逐漸趨向理性。這是能夠指導交易的模型，但準確率非常低，後期需要逐漸完善，才能更準確判斷行情上漲，進而提高成功率和恰當的部位管理能力，以確保獲利曲線穩健上揚。

（2）交易模型 2.0 版本

大盤條件

　　大盤指數30鐘上還處於上升趨勢中，且在日線上沒有重要均價線的壓制。

基礎條件

　　前期經過充分下跌築底後，股價已經在60日均線上方，且60日均線走平或轉頭向上。

進場條件

　　1. 經過短暫調整後，大陽線帶動5日均線和10日均線在生命線上方黃金交叉，買進30％部位。

　　2. 回檔到30日均線得到支撐，且不跌破第一個大陽線的開盤價，加碼30％。

出場條件

　　1. 獲利15％賣出一半持股。

　　2. 15分鐘上出現5浪背離，而且量價不健康或走出下降趨勢。

　　在1.0版本的基礎上添加大盤環境的要素，以了解當下的基本投資環境。大盤是父親，類股指數是母親，是我不斷提倡的看盤模式，尤其在做強勢股時，只有在兩者都健康的前提下，才能催生大牛股。

　　此外，在2.0版本中可以加入一些細節，例如：帶動兩根均線黃金交叉的K線形態。隨著學習內容的深入，為了更有效提高交易模型的準確率，投資者也要注意該K線的分時走勢，甚至明確掌握前幾天的K線走勢。

（3）交易模型 3.0 版本

大盤條件

　　大盤指數30分鐘上還處於上升趨勢中，且在日線上沒有重要均價線的壓制。

類股條件

　　個股所在的行業或熱門類股有集團資金流入，個股走出和類股指數一致或強於板塊指數的走勢。

基礎條件

　　前期經過充分下跌築底後，股價已經在60日均線上方，且60日均線走平或轉頭向上。個股不存在退市風險，如果是虧損股，至少當下有虧轉盈的預期，公司的主營業務在同行中有競爭優勢。如果當天追漲進場，要求其在類股漲幅排名前3位。

進場條件

　　1. 經過短暫調整後，大陽線帶動5日均線和10日均線在生命線上方黃金交叉，買進30％部位。

　　2. 回檔到30日均線得到支撐，且不跌破第一個大陽線的開盤價加碼30％。

出場條件

　　1. 獲利15％賣掉一半持股。

　　2. 15分鐘上出現5浪背離，而且量價不健康或是走出下降趨勢。

　　上述的交易模型到達3.0版本後，指導實戰的能力逐漸加強，但這個不是最終版本。從理論來看，它能夠指導操作，而且預期獲利頗

豐，但付諸實踐時，你仍然可能會虧錢，因為使用交易模型的前提，是你對股市的博弈思維和運行邏輯有深度理解後，才能在實戰中有效發揮。

（4）曙光初現戰法交易模型（2018 年 3 月版本）

大盤條件

創業板指數在10日均線以上，且10日均線持續向上，創業板整體成交量在5日均量線上。

類股條件

軟體服務板塊指數站穩10日均線，且10日均線持續向上，軟體服務類股整體成交量在5日均量線上。

選股條件

前期經過充分下跌，在月線或週線至少經過ABC或12345的下跌，有明顯的止跌跡象，特徵為量能極度萎縮後，出現強勢大陽線。

進場條件

1. 60分鐘上構成雙底或站穩60日均線後回測10日均線，買進10％部位。

2. 如果10日均線失守，在30日均線位置再買進10％部位。

3. 出現強勢陽線再加10％部位。

出場條件

1. 跌破60日均線出場。

2. 跌破30日均線停損出場。

任何一個交易模型都不是一成不變，股市沒有聖杯，所以我們的交易模型一定要跟隨股市的變化，而且交易模型調整得越敏感，實戰性越強。希望每位投資者都能建構自己的交易模型，並且跟隨股市變化，成為超級贏家。

　　股市沒有一勞永逸的交易模型，因為股市時時刻刻都在改變，政策會修正，參與者的行為也會轉變，所以我們的交易模型必須調整。形成交易模型要求我們，在充分理解股市的基礎上，因時制宜、順勢而為。

經 典 答 疑---------------------------------

提問者：郭先生

　　我之前完全不懂股票，聽了朋友的消息後，在2016年10月買進保千里（600074），成本在17元左右。後來一字跌停板打開，我不斷加碼，壓上全部積蓄，成本是4元左右。一般情況下，連續一字跌停板被打開後都會反彈，為何保千里就是不出現反彈？我該如何操作？

回答者：君潔老師

　　保千里曾是主機板的神話，它在大趨勢時成為股市的風向標，但是基本面的缺陷暴露之後，引發暴跌。保千里的股價從2015年6月見頂，到2017年7月開始暴跌，期間經歷2年的時間。

　　見圖表4-11，從保千里的月線走勢圖可以看出，股價在2007年和2015年的大牛市中都曾出現暴漲，如果你在2005年買進10萬，在2015年6月就有380萬，這個獲利比股市高手還要好很多個級別。

　　在2015年時，沒有人預測2年後的保千里會成為股市領跌的龍頭，或是不曾想過2年內會出現斷崖式下跌。2015年的牛市最先上漲

圖表 4-11   *ST 保千 2004/4 至 2018/5 的月 K 線走勢圖

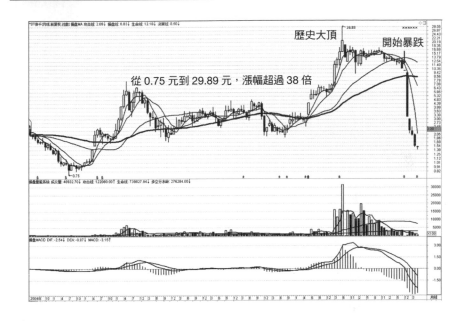

的是以軟體、互聯網為主的科技股，其實大家都明白，互聯網企業和軟體企業中，真的有競爭優勢的屈指可數。在這個浪潮過去之後，是誰在裸泳都會看得一清二楚。

保千里的真正下跌不是從2015年6月開始，那時只是系統性調整。但是經過兩年的時間，人們當年被牛市衝昏頭的衝動早已過去，公司基本面的漏洞開始暴露，這通常需要較長的時間，因為上市公司基本面的轉變都是在基本運動層面上，所以幾個交易日或幾週的走勢不能代表什麼。

保千里的連續一字跌停板是因為基本面出現非常糟糕的變化，尤其連續28個跌停板，讓本來還有一絲希望的投資者都望而卻步，即使跌停板打開，願意接盤的人也少之又少。

　　只要在沒有扭轉的下降趨勢中，每一次反彈都是減少部位的最好機會。無論是從基本面變化，還是技術形態向下連續破位來看，都早該減少部位或是停損。當下你在這檔大虧的股票上有較重的部位，已處於被股市綁架的狀態，因此只有2個選擇，一是徹底認輸，果斷停損出場，這個對很多人來說比較困難，二是把決定權繼續交給股市，只要不再創新低就繼續持股。

本章小結

　　第4-1節：每一次交易都是理性決策的過程，要對自己的交易行為負責，就必須確定機會大小、尋找交易訊號、確立交易模型。投資者想做到深思熟慮，一方面要對股市有深度理解和認識，另一方面要展現在對大週期、主週期及小週期看盤的方法上。

　　第4-2節：3個週期看盤是技術分析的一種很重要方法，展現出分析事物過程中從宏觀到微觀的思維方式，大週期定方向，主週期找訊號，小週期確定買賣點。採用分析事物通用的方法來分析股價變化，才更具有實戰性。

　　第4-3節：打造一套屬於自己且能應對牛熊的交易模型，是在股市中實現穩健交易的前提。這是一個漫長艱辛的過程，首先要運用量化的分析工具（例如均線），做到能有效追隨股市且適應股市的變化，才能在股市上真正戰無不勝。

 思考題

　　1. 進行每一筆交易前要思考哪些事情？這些對我們的交易有什麼影響？

　　2. 大週期、主週期和小週期的關係是什麼？它們該怎麼互相配合，才能指導我們的交易？

　　3. 你的交易模型是什麼？每次買賣都有嚴格遵守嗎？

第 **5** 章

看穿股市賽局，
玩德州撲克鍛鍊交易腦

5-1

打一場德州撲克，
培養邏輯思考與應變能力

　　賭博和博弈的英文單字都是「Gaming」，但我們對這兩個詞的理解不太一樣，通常都覺得賭博是不務正業，博弈卻是高深莫測的較勁。追根溯源，它們有著相同本質：在一定的條件下，遵守一定的規則，擁有理性思維的人或團隊，從各自的行為或策略中做選擇，並加以實施，再從中取得各自的結果或獲利。

　　那麼，投資股票究竟是賭博還是博弈？接下來，我們將深入探討這個問題。

 ## 德州撲克帶給操盤手的好處

　　為什麼很多操盤手都在玩德州撲克？如果詢問他們除了交易之外有什麼愛好，很可能會聽到「德州撲克」這個答案。其實，很多地方都有這樣的娛樂場所，他們會給陌生人提供玩牌的機會，但不是使用遊戲幣來遊戲，而是使用真實的現金。

　　對於交易員或操盤手來說，在德州撲克牌局上的修練是不可或缺的，因為這裡可以用較少的成本，懂得深奧的投資邏輯。大多數交易員在時間急迫的情況下，依然會抽出時間在牌局上，因為每一次參與牌局都會對股市有所頓悟。圖表5-1是德洲撲克的牌型組合。

圖表 5-1　解說德州撲克的牌型組合

皇家同花順→同花順→四條→葫蘆→同花→順子→三條→兩對→一對→高牌

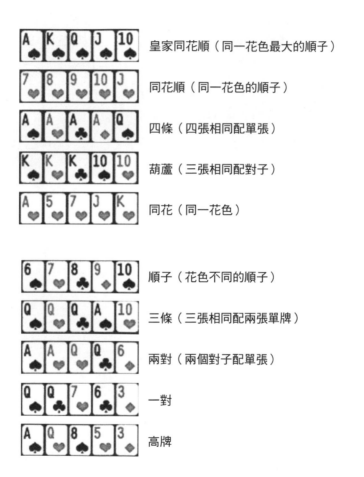

　　世界各國的頂級基金公司、基金經理及交易員都推薦德州撲克，因為這個看似簡單的遊戲，能夠培養一個人的自律、耐心、洞察、專注、邏輯思維、隨機應變等多方面能力，這些正巧是專業操盤手必須具備的。

　　當交易上升到哲學、心理學、行為學等層面後，會決定你能否走上金字塔頂端。我會在自己的操盤課堂上，安排學員一起玩德州撲克，並針對每個人在盤局中的表現給予評論或指導。

　　本書將解讀德州撲克和交易之間的關係，希望在股市中處於劣勢的讀者，能夠日益增進，汲取投資智慧。

5-2

認識交易的 3 種風險，
能降低你虧損的金額

　　你在投資初期，是不是很想用10萬元本金賺回好幾百萬？大部分投資者對股市都有這樣的期望，畢竟如果只會虧錢，就不會有人想買股票了。在股市中賺錢是投資者的理想，但為了實現這個結果，你要做哪些準備？你能接受的虧損是多少？

　　投資者面對虧損大部分都很無奈，而且會刻意回避。最常見的現象是，總覺得周圍的人都比自己厲害，天天聽到他們說手上的股票漲停板，很少聽到虧錢，因此羨慕不已。

　　參與股市交易，不是意味著把裁判權交給股市或身邊的投資大神，而是清楚自己才是財富的主導者，要自己參與交易。

　　風險來自哪裡？很少有投資者思考這個問題，因為它沒有比「可以在什麼位置買進？」更有參考意義。但如果你是一個想以交易為生的人，就需要通透投資這件事，並且徹底了解交易過程。

　　風險來自我們賦予帳戶資金所能承受的風險。舉例來說，我帳戶裡的50萬是3個月後要買房的錢，這時可能會出現2種情況：一是還差20萬頭期款，我預期3個月內賺到20萬，而且不接受虧損；二是雖然差20萬就能買房，但我清楚知道投資風險，股市不會只賺不虧，所以我能接受的最大虧損是10萬，若3個月內出現10萬的虧損，就會果斷出場。

| 圖表 5-2 | 輕易聽信「投資大神」的話術，可能會落入陷阱 |

　　如果你對股市已經有理性的認識，就會清楚交易時面對第二種情況比第一種情況更加輕鬆，因為你幫自己留下喘息的機會，這個機會也是你留給股市的，因為第一種情況會被股市綁架，股價只要有一點波動，你的心臟就會像跳出來一樣。

　　投資者在股市中的真實情況，通常如下所述。如果我的預期是上述第二種情況，參與交易一個半月後，我的資金剛好虧損10％，就會選擇退出股市不再交易，以虧損10％失敗告終。如果我的預期是第一種，就會果斷停損後繼續交易，因為我已經被3個月賺20萬的預期綁架。但這檔讓我選擇停損的股票在我停損後立刻止跌，開始上揚，最終強勢上漲，也就是說我賣在最低點。

　　股市永遠是對的，問題在於我們是否有能力踩在股市的節奏上，

因為我們只是股市的跟隨者之一。參與交易意味著選擇風險，帳戶裡能接受的最大虧損，就是我們參與交易的成本，除非你天賦異稟，否則不可能不勞而獲將收益帶回家。

　　我們對資金回撤的承受力不同，必須面對終止交易時的風險，但這只是從最終虧損的角度分析風險來源，也就是結果性風險。此外，股市還有系統風險、策略風險和個人風險3種過程性風險，以下分別詳細介紹。

 ## 第 1 種風險：系統風險

　　投資者在交易中經常遇到這種情況：原本透過分析和研判得出可能會出現80％的上漲機會，結果卻沒有出來，尤其是在反覆出現錯誤的判斷後，心態就會變壞，導致在盤中亂做，最後虧了20％甚至更多才停下來。

　　這種現象在打牌時很常見，尤其初學者會遇到更多狀況，因為自己無法控制情緒，反而被股市或牌局操控著。

　　很多投資者在股市中不得不面臨以下循環：

　　經過股市數年的交易後，終於摸索出一個能穩定獲利的模式，這個標的簡直占盡天時地利人和，如果不大比例持股，怎麼對得起數年的勤奮？因此決定鼓起勇氣加碼買進，結果卻留下痛苦的領悟。

　　回過頭來看這次的交易時，發現明明完全按照之前的模式操作，也都做到有效執行，為何每次都會獲利的模式這次居然不靈驗？難道我找到的獲利聖杯碎了？

經 典 牌 局 ---

今年3月，我在我們上海的教室裡，與學員玩德州撲克，當時發生一個經典場面。

在牌打到最後一輪時，只剩我跟一位學員單挑，還有最後一張牌要發，檯面上已經有3張梅花，我手上也有2張梅花，其中最大的那張是梅花Q，我已經成花了。然而，我的對手必須再發一張梅花才能贏我。他手上有2張牌，一張是沒有用的雜牌，另一張是梅花K。（編按：在德州撲克中，牌面大小由大至小為A→K→Q→J→10→9→8→7→6→5→4→3→2，花色則沒有大小之分）

整副牌一共有13張梅花，現在我們已經拿走3張梅花，檯面上也發出3張梅花，等於還有13－6＝7張梅花，而一副牌扣掉鬼牌一共是52張，在8人的牌局，起手牌發掉16張，公共牌發掉4張，銷牌發掉3張，最後一張牌是從剩餘的29張發出。如果前面棄牌的12張裡沒有一張梅花，那麼他贏我的機率是7/31＝22.5％，我的贏面超過77.5％，而前面12張當中，沒有一張梅花的機率更是微乎其微。

然後，在發最後一張牌之前，他還可以叫一次注，他問我一句：「你還有多少錢？」我回答：「一共5萬（籌碼幣）。」他說：「那好吧，我下注老師全部的錢，5萬！」

我不需要任何深層次的思考，就可以確認他在唬人。他現在手上的牌幾乎不可能比我大，但他透過巨大的下注，給我龐大的壓力，因為他直接壓了我檯面上所有身家。他希望透過巨大的金額逼我棄牌，進而拿下超過12萬的籌碼，雖然我早已確定他在裝腔作勢。

無論是交易還是玩牌，能夠讓我們賺錢的一定是那幾次能夠帶來豐厚獲利的機會，一旦錯過就不知道要等多久，我確定當時手上的牌是當天會帶給我高機率贏面的機會，所以我果斷跟注（遊戲規則：此時我們各加5萬的籌碼，因為這是全部的籌碼，所以雙方可以先看底

牌，但最終的輸贏還是在發完第5張公共牌才能決定）。

開牌後發現他只有一個K，我相當高興，因為贏的機率是他的4倍，但此時我也有點擔心，畢竟還有20％的機率，機率雖然小但不代表不會發生。2秒後終於發出最後一張，真的是一張梅花！

我在機率、判斷、計算、膽量等所有方面都沒有犯錯的前提下，卻得到失去獲利的結果，這是我用成為當天最大贏家的機率換來的，而這件事的發生前後不到3分鐘！

只要參與交易就要承擔它帶來的風險，而對於一名職業操盤手來說，陷在敗局的情緒裡最多就幾分鐘，這是和普通交易者最大的區別，所以我重新兌換籌碼，進入新的交易中。當天遊戲結束時，我把上一局虧掉的錢全部贏了回來。

雖然前面的事情只是小機率事件，但在每一輪牌局中都會遇到，很多學員一旦碰到這種情況，心態就會失去控制，出現非常可怕的結果，例如：在接下來10分鐘內再次輸掉10萬。

系統風險不會被我們的意志轉移，它在遊戲制定之初就被遊戲規則所賦予。系統風險有以下特徵：不可避免、始終存在，以及贏虧同源。大家可以設想，假設我們有一樣的牌、一樣的打法，一共玩5次，是否代表我獲得利潤或虧損的根本原因是一樣的？這就是參與交易必須要承擔的系統風險——贏虧同源。

君潔老師是專攻數理統計的，大學畢業後花了將近3年的時間，研究市場機會的機率問題，但總是發現，在理論上得到非常好的結果後，實際操作時卻是基本上沒有辦法實現。而且，在沒有發生系統風險的情況下，她那時覺得可以透過理論上的大機率策略馳騁牌場，結果卻以失敗告終，因為市場還有2種不可忽視的風險：策略風險和個人風險。

第 2 種風險：策略風險

關於解決系統風險的問題，最好的策略是對沖，對沖得越完全，風險就越小。但隨著股市的有效性逐漸變強，大家發現對沖的獲利不如銀行存款。所以，承擔系統風險是為了在它沒有暴露之前，獲得超額獲利，而不是為了規避所有系統風險。你想暴露在多少系統風險之下，就是你要依賴投資策略換取超額獲利的部分。

雖然系統風險給德州撲克帶來非常大的危險，但並不妨礙它成為世界上最流行的博弈遊戲，其原因就是玩家可以透過策略獲得超額獲利，所以策略的好壞是決定玩家獲利千差萬別的根本。

簡單來說，策略風險是指每個人採用的交易模型不同，例如：有的人用5均線或10均線黃金交叉作為交易模型，這是非常簡單的策略。用5均線或10均線黃金交叉可以作為交易訊號，但要了解每次交易時，必須承擔黃金交叉後快速死亡交叉的風險，或是主升段行情啟動時，這個策略是有用的，但在橫盤期間是失靈的，而在走出主升段行情之前，大部分的人都沒有能力判斷當下是主升段還是震盪。

藉由分析和統計200檔股票近2年的走勢後發現，以5均線和10均線黃金交叉作為買點的成功率有51％，而且利潤空間是停損幅度的3倍以上。也就是說，單純從數理邏輯來看，這是非常好的策略。但當你開始實盤交易時，會發現它讓你虧得很慘。選取歷史資料和標的都有一定的人為選擇性，所以策略在評估開始時便出現問題，導致策略的適用性較差。

我一再向大家強調，主力的行為是反人性的，所以股民最大的痛苦是在和主力的博弈上，股民總是覺得自己被騙了，但其實是因為自己的策略出現問題。舉例來說，你透過分析各種資訊後，判斷股價會繼續延續強勢的上升趨勢，但主力資金偏偏來一次快速打壓洗盤，而且洗盤的極限是在散戶心理能夠承受的極限，所以大家都選擇在此出

逃，這時候便正中主力的下懷。

因為能夠控制股價的一方，在普通投資者覺得該買時賣出、覺得該賣時買進，因此總是有一種神祕莫測的感覺。投資者一旦覺得自己看穿主力意圖，就會大幅提高交易的信心和決心，結果卻仍有很大的差異。因為策略有優劣，其帶來的風險必然也有多寡。

散戶虧錢是常有的事，因為自己不但沒有策略，反而經常落入別人的策略中。前面分析過系統風險，已經讓股市中的小散戶苦不堪言，若再加上策略性風險，更是大幅降低賺錢的機率。

 ## 第 3 種風險：個人風險

股市存在前面2種風險，不禁讓散戶感嘆自己多麼可憐，但其實在這2種風險背後還隱藏著更大的風險，就是我們自己。

投資者虧錢時，總認為是股市讓他虧錢，卻不明白是誰讓他參與買賣的？股市沒有招惹你，它只是按照自己的規律存在，而我們要在其中分一杯羹，就要承擔分不到的風險。

相比前2種風險來看，個人風險似乎更容易規避，畢竟這是由自己決定的。但世界上最難的事情是與自己和諧相處，因為知易行難，很少有人可以真正做到知行合一；因為人性的弱點，就是經常不能客觀看待問題，總是會主觀臆測，偏離事物發展的根本規律，如此一來又如何獲得預期所料的結果？

以上述玩牌的故事為例，如果我輸了這把牌後心情難以平復，對自己的控制力又稍微差一點，等我換好新籌碼再回到牌桌上，很可能會胡亂下注，最後輸光所有籌碼。

你永遠不可能戰勝股市，當你想要戰勝它並凌駕於上時，就已確定必輸的結局。投資者都會遇到心態不好的時候，尤其是在剛進入股市那幾年，而我也不例外。我因為實體生意順遂得意，沒有對股市感

到敬畏，在每次桀驁不馴地對待股市時，它都會給我響叮噹的教訓。所以，股市高手都是虧損堆出來的，因為只有在一次次虧損和失去後，才會反思、頓悟。

我一直都有跟學員強調，心態不好不是虧損的理由，一定是你的技術或心性的修行還不夠，當你具備立足於股市該有的特質時，雖然你還會虧損，但已經不會讓你對股市有所怨言和疑慮。

德州撲克的高手一般可以在1至10分鐘內平復心情，因為他們知道發脾氣對事情沒有幫助，只會讓人有機可乘。交易也是如此，尤其在股指期貨交易時，如果你不能在幾秒內，從交易失敗的失落或是獲利的喜悅中跳脫出來，下一秒股市就會給你教訓。

無論和哪位老師學習，除非你能夠真正意識到個人風險並積極規避，才能成為股市中的大贏家，否則只會常年陷在交易的旋渦中，始終看不到獲利的增長。

第5-4節會和大家強調心靈力量的重要，但如果你對能量場和意願的力量沒有深度感受，建議跳過它，因為你會對本書前面所講的東西產生懷疑，覺得世界本應該是唯物的，怎麼可以唯心？但事物的變化都是辯證的，我們自己和事物的關係也是如此，只有願意正視這種關係的人，才會成為真正的贏家。

關於人為風險最典型的特徵，就是明明理論上都可以避免，卻因為自己操作失誤而導致虧損。區分職業操盤手和非職業操盤手的標準，是看他是否還處在主觀交易的階段，因為只有突破這個階段，才有可能晉升為專業操盤手。

玩家大獲全勝的關鍵，
往往在於擁有資金優勢

　　如果你參加過各種資金級別的德州撲克，一定有感受到資金優勢無處不在。在一輪相同資金級別的遊戲中，如果前5輪的遊戲中有人占據資金優勢，無論原因是運氣好還是策略優勢，都會導致他在這個牌局中略勝一籌。

　　舉例來說，在8人的牌局中，每人有10萬籌碼。如果前5局中，有人的籌碼數達到15萬，此時一定有人的籌碼少於9萬。如果手上有15萬籌碼的人，在手上的牌不錯的情況下叫出4萬的金額，其他人便很難跟注，因為4萬對他來說只是獲利的一部分，卻是其他人手上所剩本金的一半，除非有足夠的勝算，否則基本會選擇放棄。此時，即使所有人都不跟注，這個人也可以獲得彩池中的全部籌碼，很可能3次下來變成20萬，而可能會有人因為籌碼不足而淘汰出局。

　　假設牌桌上還有我和你2個人，此時我的籌碼是15萬，你的籌碼是8萬，我手上的牌是一張方塊Q和一張梅花7，已經發出的3張公共牌是黑桃9、紅心Q和方塊2，彩池中的籌碼是2萬。此時你可以得到的資訊，是你能夠成同花的機率幾乎為0，成順子的機率也很小，除非手裡有對A、對K、對9、對Q或是對2，否則你能贏我的機率小之又小。

　　此時後面2張牌非常重要，如果雙方的底牌沒有決定性優勢，那

173

麼後2張牌的大小或能否出現對子，就是勝負的關鍵。此時，處在資金劣勢的玩家，要想辦法獲得看到後面兩張牌的機會，因為擁有資金優勢的一方會決定要不要給你看牌的機會。

此時具有資金優勢的一方會有2種可能：

1. 手上的牌還可以，但後兩張牌被看過之後會增加對手贏的機率，所以選擇速戰速決，最好能夠把彩池裡的錢拿到自己手裡。此時最好的辦法是透過叫較高的籌碼嚇唬對手，讓他知難而退，達到恐嚇的目的。

2. 手上的牌非常好，但只有一個人參與遊戲，想從他那邊贏更多錢的最佳辦法，是在不讓對方感覺到自己手上的牌很強的前提下，盡量加大籌碼，以實現提高獲利的目的。

資金優勢在德州撲克的競技中非常明顯，而且玩家有很多機會和彼此溝通，容易獲得每位投資者在不同資金與不同策略結果下的心態變化，但在股市中很難得知。和我們交流最多的是周圍跟你一樣虧錢的散戶，因為我們很難遇到主力。其實，玩德州撲克基本上是水準相差不多的人互相交流的機會較多，水準相差較多的玩家則不太交流，為了讓自己能夠和更高級的高手交流，一定要不斷提高水準。

股市中的資金博弈更加赤裸，最明顯是在上升趨勢中的大陰線和下降趨勢中的大陽線，只有在股市中具有相當資金優勢的人，才能引導或做出這樣的K線，因為一般散戶資金是分散的，很難走出逆勢運行的訊號。

如果你在上升趨勢中本來想堅定持股，但遇到大陰線，於是選擇出場，因為你的資金有限，面對形態被破壞時，只能選擇暫時規避風險，但在你快速把手上的籌碼全部出脫賣光後，會發現自己竟然賣在最低點。

圖表 5-3　正裕工業 2017/12/25 至 2018/5/18 的日 K 線走勢圖

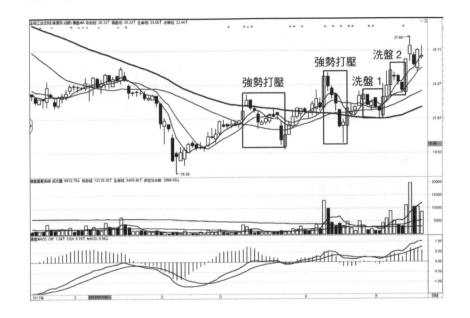

　　見圖表5-3，在正裕工業（603089）的築底階段，股價經歷反覆的拉升與打壓。從圖中可以看到，其中有兩次強勢打壓並沒有標注成洗盤，因為第一次強勢打壓之前，沒有明顯的場外資金進場的訊號，所以不能確定是洗盤。第二次的強勢打壓幅度太深也不符合洗盤的標準預期，但在這個過程中，技術系統得到充分修復。

　　我們要明白，股價的劇烈變化一定是因為有強勢資金的引導，也就是說，股市一致性做多時才會有大陽線，一致性做空時則會有大陰線，我們的資金比人家少，又不知道後期股價的方向，因此只能盡力在股價的上漲與下跌中找到規律。

一時虧損別氣餒，
這樣防守與進攻能扳回一城

　　深度闡述3種風險後，相信你對股市的認知又更上一層樓，你會重新審視股市、你自己，以及每一次交易。

　　無論你多麼想從股市或牌桌上賺到錢，現實總是和你預想的不一樣，彷彿股市就是喜歡和你作對。尤其在熊市時，總是沒辦法克制自己想要進場的欲望，雖然自己了解盲目進場很可能被股市吞掉，卻還是忍不住想參與。

　　在牌桌上也是如此，明明知道勝率不大，卻總是心想：「萬一別人的牌比我小呢？萬一別人可以被我嚇到呢？」於是決定試一把，結果每次股市都會給我們教訓。

　　君潔老師在2018年玩過一次德州撲克，她說最大的收穫是學會如何產生信念，以及信念帶給我們的力量。在那次牌局中，她的牌沒有特殊表現，也就是一直處於大熊市。

　　牌局接近尾聲，只剩下最後兩輪，君潔老師手上還有一半的籌碼，如果她在這兩輪中沒有獲利，當天將以失敗告終。所以，她集中所有注意力，將旁邊的零食移到別處且不再說話，把所有思緒集中在參與遊戲的狀態中，根據3張公共牌和每個人的性格，開始推演自己該如何下注。

　　其實，大家都知道遊戲即將進入尾聲，前期獲利較多的人為了保

住本金，基本上不再參與，牌桌只剩下幾位虧損的人，都將希望寄託在最後兩輪牌局上，做出孤注一擲的打算，所以毫無依據地提高籌碼的額度。

君潔老師淡定地跟注，因為她已經有一對10，根據判斷其他玩家的狀態與手上的牌，認定他們不會打贏，她要做的是讓大家先交出一部分籌碼，下一局只要不出現大於10的牌就要收場，否則等到第5張牌出現，牌面大於10的機率會大幅增加。

第4張是一張紅心3，而公共牌中只有一張3，最大的是方塊10，君潔老師因為不確定其他人手中單張的數字，於是選擇此時收網。她跟了前面的注之後，選擇全下（ALL IN）。因為她之前穩健的性格，別人相信她手上至少會有兩對，所以大家決定退場，彩池中的籌碼全部歸她。出於好奇，大家一起看了第5張牌，結果是一張A，而剛才退場的3位當中，有兩位底牌有A。

君潔老師分享她在這場遊戲中的策略：

在那輪牌局中，我只有一個目標——拿下彩池中的籌碼。當然不能用搶的，我需要對每個人與彩池有足夠的關注和分心，我相信大家的計謀逃不過我的眼睛。最重要的是，我必須等到3位大戶全部撤出後，才能和其他小戶叫牌，因為這時我才是相對大戶。

在分析整個牌面、剩下幾位參與者後，我知道自己在這輪必贏，那種強烈的信心和堅定是我從來沒有感受過的，因為就在那幾分鐘內，我知道整個局面完全在掌控之中，我清楚每個人接下來的行為，所以我最終在這輪贏了，甚至贏回當晚的所有虧損。

由此可見，信念和信心不是盲目的預期和希望，而是專注在一件事情上，對它的各方面資訊瞭若指掌後才會產生的狀態。當你進入這個狀態時，發生的一切都不會讓你感到意外與不知所措，你能夠坦然

面對,因為眼前的一切是之前努力而來的結果。

　　交易最吸引人的地方就是不確定性,就像拳擊手永遠不知道對手先出左拳還是右拳,你只需要做好防守和進攻即可。交易的過程中可以追求完美,但交易做到什麼程度才稱得上完美?答案是在你可以坦然接受不完美的時候。

本章小結

　　第5-1節：德州撲克被交易者津津樂道，因為其蘊含的風險和策略邏輯，與股市相通。若你還在成為優秀操盤手的路上，可以透過適當參加德州撲克，累積人性上的感悟。

　　第5-2節：系統風險不可規避也不需要規避，因為規避它就是在規避利潤。策略風險是決定投資者能否取得超額獲利的關鍵。個人風險則是投資者要規避的，因為它不能帶來獲利，甚至會吞噬獲利。

　　第5-3節：俗話說：「大魚吃小魚，小魚吃蝦米。」股市和德州撲克牌局都是如此。大資金掌控一切，小資金很難有上桌機會，而且不得不逐漸消耗必然要支付的成本，例如：手續費、為了看下一張牌必須跟的籌碼。

　　第5-4節：無論是股票交易還是德州撲克，我們只能抱有一個目標──賺錢和獲利，但要清楚知道希望與信念的差別。若這個目標只是你的希望，結果一定不如所願。若這個目標已變成你的信念，它會在你焦灼之戰時給你無窮力量。信念來自你對股市孜孜不倦地探索、累積、總結及實戰。

 思考題

　　1. 德州撲克和投資股票的關係是什麼？
　　2. 還有哪些賭博遊戲和投資股票有很大的關係？
　　3. 投資的風險有哪幾類？
　　4. 你是否已經有應對各種風險的方法？
　　5. 股市有風險，我們還要參與嗎？該帶著什麼樣的心態參與？

思考題答案

站在主力的肩膀上行動

本書共有5章，每一章的最後都列出一些問題，我猜你一定迫不及待想知道答案。我只能遺憾地說，這一頁無法提供明確的答案，或許你可以向一些在股市上已有很深造詣的前輩提問，但我敢保證他們也無法給你一個標準答案，因為每個人都會有不同的答案。

那麼，怎樣才能找到屬於自己的答案？我想唯有透過學習，對股市有充分的研究和洞察，並建立自己的交易體系和交易模型，才是最好的答案。

此外，還要解決思維層面的問題。股市是一個弱肉強食的戰場，想要成為贏家，一定要養成強者的思維，也就是本書的重點——主力思維。

無數的投資者在股市中前仆後繼，甚至在這裡連爬帶滾了幾十年，依然不知道每次交易為什麼賺錢、為什麼虧錢。時間只是增加股齡，卻沒有改變自己在股市中追漲殺跌的散戶思維，更沒有站在莊家運作這檔股票價格的高度，去斟酌每次交易決策是否順時順勢。

江氏交易系統在股市中經過無數次實戰印證，願意和本人一起拓展這套體系的同仁越來越多，大家都認為應該幫助更多想在這個市場中披荊斬棘的有緣人，所以我藉由書籍、授課、培訓等多種方式發揚光大。閱覽江氏交易天機系列叢書，不一定能幫助你在股市上有所作為，但一定會讓執著於市場的人少走岔路。

這是一個需要有前輩指引方向的戰場，但更需要自己潛心研究、做好充足的戰前規劃和部署，希望江氏交易天機系列叢書能幫助你，在股票投資這條道路上有所斬獲。

後記

有好的漁網，捕到魚的機率就大大增加

　　當你看到後記時，即使沒有深入研讀本書的內容，相信你對它也有初步的了解。

　　本書是為了想要在股市中長久獲利的投資者所準備，你越是深入了解書中內容，對你認識和走近這個市場越有幫助。但大家要明白一個道理，想要持續、穩健地獲利，需要長時間累積知識和經驗才會實現，並非一蹴而就。

　　任何想要在股市中一夜致富的想法都是不成熟的。很多投資新手抱著「先賺點錢再學習」的態度進入股市，殊不知沒有漁網時，捕到魚的機率小之又小。

　　上證指數從2015年5178的高點之後，進行一次大洗牌，股市的運行模式都在變化。一些機構的操盤手越來越年輕，從之前的60後、70後，逐漸向80後甚至是90後轉變，思維方式變得更加活躍和激進。股市中熱愛學習的股民越來越多，經常會形成一致性支撐和壓力，而主力操作時，就是要破壞這種支撐和壓力。

　　股票投資的學習分為術、法、道3個層次。如果投資者的學習是關注在術的層面，便難以應對股市變化，這也是很多投資者的交易模式一段時間可以獲利，但換一段行情就開始虧損的原因。唯有晉升到法和道的層面，才有能力應付股市的千變萬化。

　　最後，非常感謝北京大學中國金融研究中心證券研究所呂所長，在百忙之中抽空為本書作序。感謝我的助手曲君潔老師整理和歸納培訓材料，並從股市中搜集最新案例，才能促使本書順利出版。

　　同時，也要感謝我的父母、我的愛人賈紅秀、女兒孫藝瑋和兒子

孫乾翔，支持我從事這個行業。感謝中國經濟出版社的丁楠編輯，以及所有工作人員對出版本書的支持和付出。

　　更要感謝讀完本書的你，如果對本書有任何意見或建議，歡迎聯繫我們，我和團隊所有成員歡迎你的指正。

NOTE

/   /   /

NOTE

/   /   /

186

NOTE

                         /   /   /

國家圖書館出版品預行編目 (CIP) 資料

交易者思維的主力之戰：成為股市 20% 超級贏家 / 江海著
-- 初版 . – 新北市：大樂文化有限公司，2022.04
192 面；17×23 公分 . --（Money；39）

ISBN：978-986-5564-96-4（平裝）
1. 股票投資　2. 投資技術　3. 投資分析
563.53　　　　　　　　　　　　　　　　　　　111003894

Money 039

交易者思維的主力之戰
成為股市 20% 超級贏家

作　　者／江　海
封面設計／蕭壽佳
內頁排版／思　思
責任編輯／張巧臻
主　　編／皮海屏
發行專員／鄭羽希
財務經理／陳碧蘭
發行經理／高世權、呂和儒
總編輯、總經理／蔡連壽
出 版 者／大樂文化有限公司（優渥誌）
　　　　　地址：220 新北市板橋區文化路一段 268 號 18 樓之 1
　　　　　電話：（02）2258-3656
　　　　　傳真：（02）2258-3660
　　　　　詢問購書相關資訊請洽：2258-3656
　　　　　郵政劃撥帳號／50211045　戶名／大樂文化有限公司

香港發行／豐達出版發行有限公司
地址：香港柴灣永泰道 70 號柴灣工業城 2 期 1805 室
電話：852-2172 6513　傳真：852-2172 4355

法律顧問／第一國際法律事務所余淑杏律師
印　　刷／韋懋實業有限公司

出版日期／2022 年 4 月 25 日
定　　價／320 元（缺頁或損毀的書，請寄回更換）
Ｉ Ｓ Ｂ Ｎ　978-986-5564-96-4